쓱싹 시리즈 ⑩

쓱 하고
싹 배우는

파워포인트
2016

저자 김영미

YoungJin.com Y.
영진닷컴

쓱 하고 싹 배우는
파워포인트 2016

401, STX-V Tower 128, Gasan digital 1-ro, Geumcheon-gu, Seoul, Republic of Korea.

All rights reserved. First published by Youngjin.com. in 2021. Printed in Korea

ISBN 978-89-314-6345-3

독자님의 의견을 받습니다

이 책을 구입한 독자님은 영진닷컴의 가장 중요한 비평가이자 조언가입니다. 저희 책의 장점과 문제점이 무엇인지, 어떤 책이 출판되기를 바라는지, 책을 더욱 알차게 꾸밀 수 있는 아이디어가 있으면 이메일, 또는 우편으로 연락주시기 바랍니다. 의견을 주실 때에는 책 제목 및 독자님의 성함과 연락처(전화번호나 이메일)를 꼭 남겨 주시기 바랍니다. 독자님의 의견에 대해 바로 답변을 드리고, 또 독자님의 의견을 다음 책에 충분히 반영하도록 늘 노력하겠습니다.

이메일 : support@youngjin.com
주 소 : 서울특별시 금천구 가산디지털1로 128 STXV타워 4층 401호
등 록 : 2007. 4. 27. 제16-4189호

STAFF

저자 김영미 | **기획** 기획 1팀 | **총괄** 김태경 | **진행** 김연희 | **디자인** 박지은 | **편집** 인주영
영업 박준용, 임용수 | **마케팅** 이승희, 김근주, 조민영, 김예진, 이은정 | **제작** 황장협 | **인쇄** 제이엠

이 책은요!

파워포인트 2016의 다양한 기능을 익혀 PPT 자료를 직접 만들어 보아요!

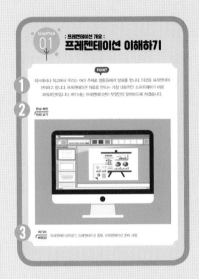

① POINT
챕터에서 배우게 될 내용을 간략하게 소개해요.

② 완성 화면 미리 보기
챕터에서 배우게 되는 예제의 완성된 모습을 미리 만나요.

③ 여기서 배워요!
어떤 내용을 배울지 간략하게 살펴봐요. 배울 내용을 미리 알아 두면 훨씬 쉽고 재미있게 배울 수 있어요.

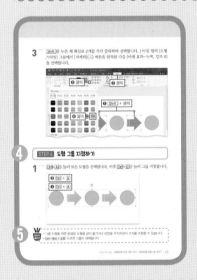

④ STEP
예제를 하나하나 따라 하면서 본격적으로 기능들을 익혀 봐요.

⑤ 조금 더 배우기
본문에서 설명하지 않은 내용 중 중요하거나 알아 두면 좋을 내용들을 알 수 있어요.

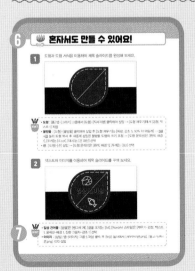

⑥ 혼자서도 만들 수 있어요!
챕터에서 배운 내용을 연습하면서 한 번 더 기능을 숙지해 봐요.

⑦ HINT
문제를 풀 때 참고할 내용을 담았어요.

이 책의 목차

: 프레젠테이션 개요 :
프레젠테이션 이해하기

POINT

회사에서나 학교에서 우리는 여러 주제로 청중들에게 발표를 합니다. 이것을 프레젠테이션이라고 합니다. 프레젠테이션 자료를 만드는 가장 대표적인 소프트웨어가 바로 파워포인트입니다. 여기서는 프레젠테이션이 무엇인지 알아보도록 하겠습니다.

완성 화면
미리 보기

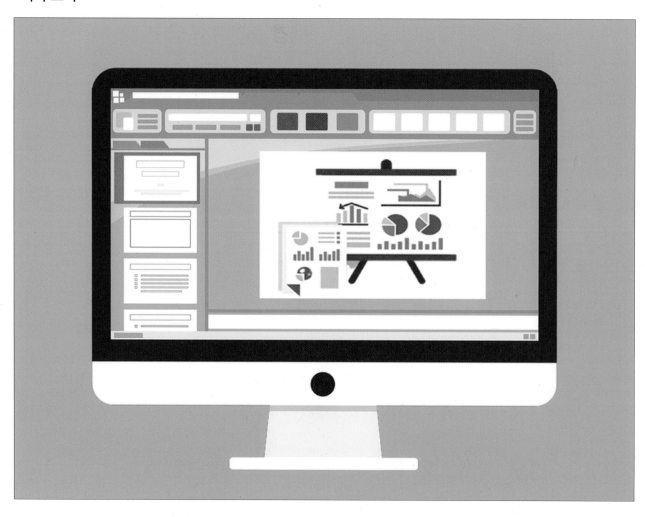

여기서
배워요! 프레젠테이션이란?, 프레젠테이션 종류, 프레젠테이션 준비 사항

STEP 1 프레젠테이션이란?

프레젠테이션의 사전적인 의미는 발표입니다. 어떤 일을 기획한 후 그 내용을 청중들에게 설득하기 위해 자료를 제출하거나, 시청각 자료를 활용하여 메시지를 전달하는 활동을 말합니다.

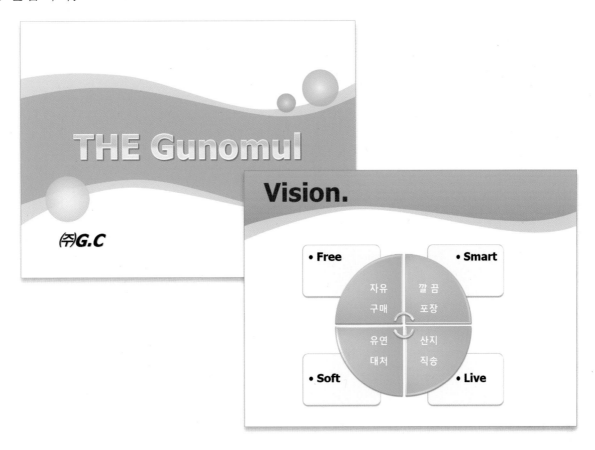

STEP 2 프레젠테이션 종류는 무엇이 있나요?

■ **학교**
- **자기소개서** : 자기소개서를 글로 나타내는 것보다 프레젠테이션으로 나타내면 더 효과적입니다.
- **교육 자료** : 교수님이나 선생님들이 학생들을 교육할 때 이용합니다.

■ **회사**
- **보고서** : 업무를 진행하거나 매출 실적 등을 보고할 때 사용합니다.
- **제안서** : 사업 계획의 발전 및 개선할 점을 제안하기 위한 것으로 사업 계획서와 유사합니다.
- **기획서** : 자신의 아이디어나 회사에서 일어날 수 있는 다양한 일들을 구체적으로 계획합니다.

STEP 3 프레젠테이션 준비는 어떻게 하나요?

① 주제 정하기 : 발표할 주제를 선정합니다. 상황에 맞는 주제를 찾아봅니다.

② 발표 내용 습작하기 : 주제가 정해지면 노트에 생각나는 부분을 단편적으로 습작합니다.

③ 습작 내용 정리하기 : 습작한 내용의 핵심 포인트를 찾아 순서대로 정리합니다.

④ 자료 수집하기 : 내용에 맞는 자료(이미지, 관련 수치 자료, 관련 참고 문헌)를 다양한 콘텐츠를 이용하여 수집합니다.

⑤ PPT 작성하기 : 파워포인트 2016을 이용하여 작성합니다.

⑥ 발표하기 : 작성한 내용을 바탕으로 상황에 맞는 장소에서 여러 방법으로 발표합니다.

: 파워포인트 2016 기본 다지기 :
파워포인트 2016 시작 및 종료하기

POINT

이번 장은 파워포인트 2016의 실행 및 기본 화면 구성을 살펴봅니다.

완성 화면
미리 보기

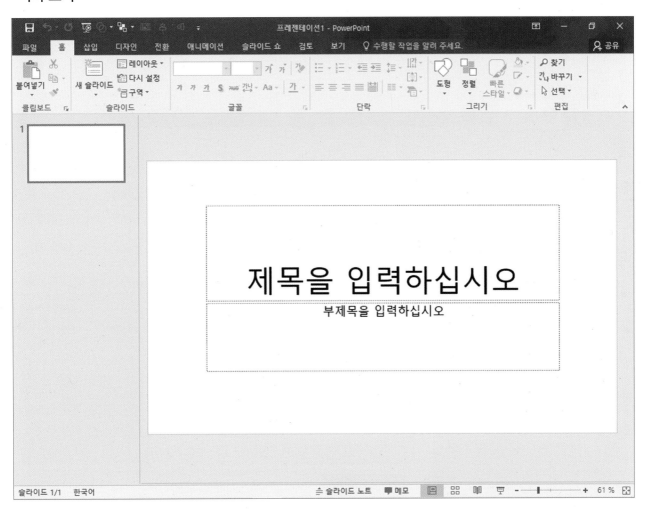

여기서 배워요!

파워포인트 2016 실행하기, 파워포인트 2016 기본 화면 구성 살펴보기

STEP 1 파워포인트 2016 실행하기

■ 작업 표시줄에서 실행하기

작업 표시줄에서 [윈도우](⊞) 버튼을 클릭한 후 [PowerPoint 2016]을 클릭합니다.

■ 바탕 화면에서 실행하기

바탕 화면에 있는 [PowerPoint 2016](📊) 아이콘을 더블 클릭합니다. 이후 '파워포인트 2016'이 실행되면 [새 프레젠테이션]을 클릭합니다.

> **조금 더 배우기**
> 파워포인트가 설치되어 있지 않으면 마이크로소프트 오피스 사이트에서 'Microsoft 365' 1개월 무료 체험 프로그램을 다운받아 설치해 보세요. 1개월간 무료로 오피스와 파워포인트를 사용한 후 무료 체험 기간이 종료되면 자동으로 연간 구독 금액이 결제됩니다.

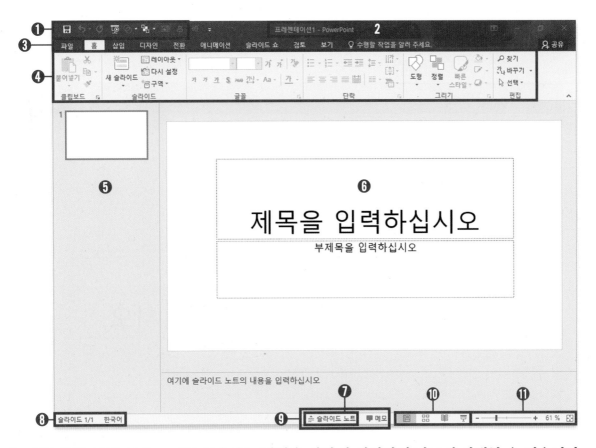

① 빠른 실행 도구 모음 : 자주 사용하는 명령을 상단에 배치하여 빠르게 실행할 수 있습니다.

② 제목 표시줄 : 현재 프레젠테이션의 제목을 표시합니다.

③ [파일] 탭 : 새로 만들기, 열기, 저장, 인쇄, 옵션 등 기본 메뉴를 실행할 수 있습니다.

④ 리본 메뉴 : 파워포인트의 명령이 각각 탭으로 구성되어 있으며 그에 관련된 명령끼리 그룹으로 구성되어 있습니다.

⑤ [슬라이드 축소판 창] : 슬라이드를 작게 미리 보는 공간으로, 슬라이드를 마우스로 이동하거나 복제 및 Delete로 삭제를 할 수 있습니다.

⑥ 슬라이드 : 실제 작업하는 공간으로 텍스트 및 개체, 표, 차트 등을 삽입할 수 있습니다.

⑦ 슬라이드 노트 : 해당 슬라이드에 대해 발표할 내용을 입력하는 공간으로 슬라이드 노트 인쇄 기능을 이용하여 내용을 인쇄한 후 발표에 활용합니다.

⑧ 상태 표시줄 : 슬라이드 번호/전체 슬라이드 수를 표시하거나 맞춤법 검사 실행 및 한글/영문의 입력 상태를 알려 줍니다.

⑨ 슬라이드 노트/메모 표시 숨기기 : 슬라이드 노트 영역과 메모 작업창을 각각 표시하거나 숨길 수 있습니다.

⑩ 보기 버튼 : 기본, 여러 슬라이드, 읽기용 보기, 슬라이드 쇼 보기 등으로 전환해 줍니다.

⑪ 확대 축소 도구 : 현재 슬라이드를 확대/축소할 수 있습니다. 오른쪽 맨 끝에 [창에 맞춤]([⊞]) 버튼을 클릭하면 현재 창의 크기로 슬라이드를 맞출 수 있습니다.

1 파워포인트 2016을 종료하기 위해 오른쪽 상단에 있는 [닫기](×) 버튼을 클릭합니다.

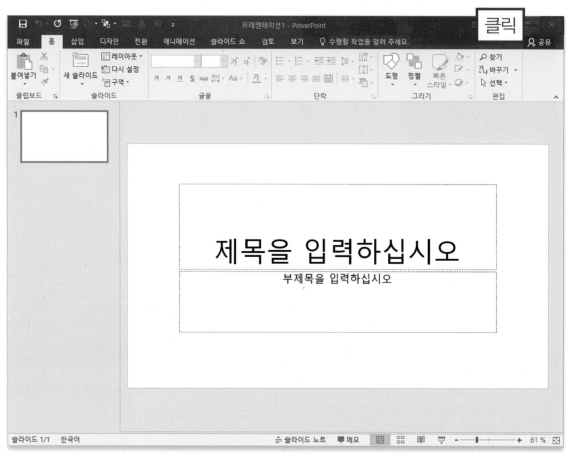

 [파일] 탭–[닫기]를 클릭하면 파워포인트 전체가 닫히지 않고 열려 있는 파일만 종료됩니다.

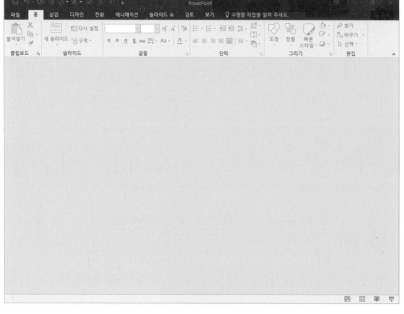

CHAPTER 03

: 파워포인트 2016 기본 다지기 :
파워포인트 슬라이드 익히기

POINT

3장에서 7장까지 본격적인 프레젠테이션 파일을 작성하기 전에 파워포인트의 기본 기능을 익혀 봅니다. 파워포인트의 기본 구성 단위를 슬라이드라고 하며, 모든 작성이 슬라이드에서 이루어집니다. 이번 장은 슬라이드를 다루는 방법을 알아봅니다.

완성 화면
미리 보기

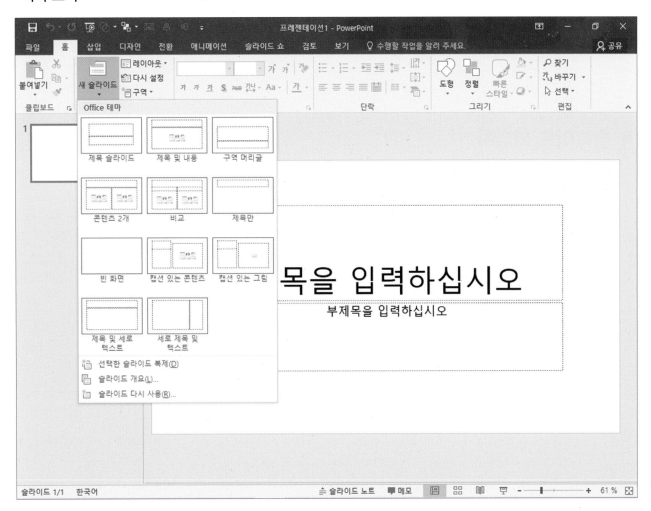

여기서 배워요!
슬라이드 삽입, 복제, 선택, 이동, 삭제, 레이아웃 변경

■ 슬라이드 삽입하기

[홈] 탭–[슬라이드] 그룹에서 [새 슬라이드]를 클릭한 후 [제목 및 내용] 슬라이드를 선택합니다.

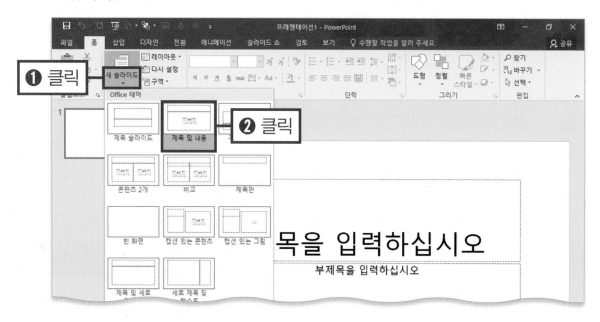

■ 슬라이드 복제하기

[슬라이드 축소판 창]의 두 번째 슬라이드 위에 마우스 오른쪽 버튼을 누릅니다. 목록에서 [슬라이드 복제]를 클릭합니다.

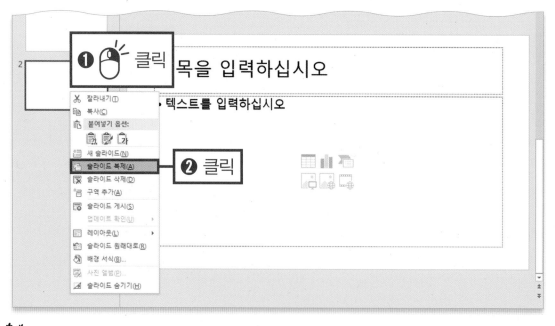

조금 더 배우기 [슬라이드 축소판 창]에서 복제할 슬라이드를 선택한 후 Ctrl+D를 눌러도 됩니다.

■ 연속된 슬라이드 선택하기

[슬라이드 축소판 창]에서 첫 번째 슬라이드를 클릭한 후 Shift 를 누른 상태에서 마지막 슬라이드를 클릭합니다.

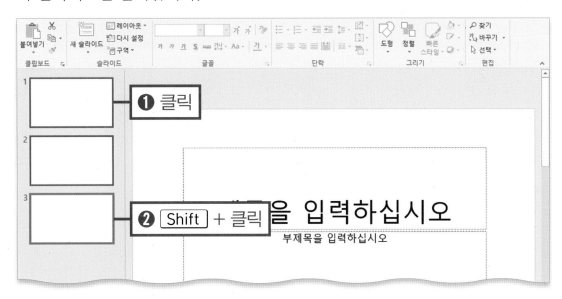

■ 떨어져 있는 슬라이드 선택하기

[슬라이드 축소판 창]에서 첫 번째 슬라이드를 클릭한 후 Ctrl을 누른 상태에서 마지막 슬라이드를 클릭합니다.

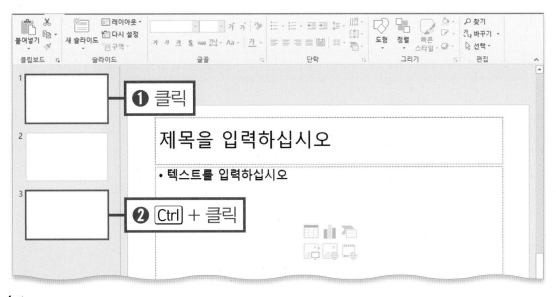

 조금 더 배우기 — 슬라이드 전체를 선택할 때는 [슬라이드 축소판 창]에서 임의의 슬라이드를 클릭한 후 Ctrl+A를 누릅니다.

■ 작성한 슬라이드 순서 바꾸기

[슬라이드 축소판 창]에서 이동하려는 슬라이드를 선택한 후 원하는 위치로 드래그합니다.

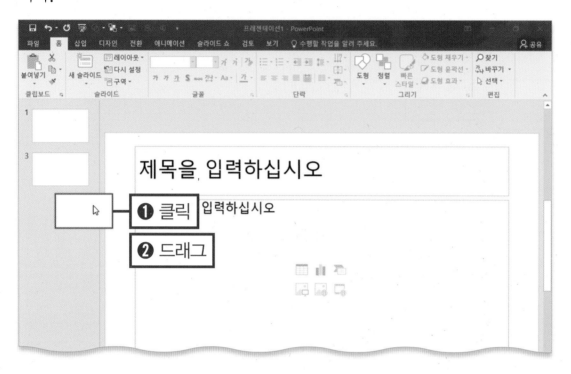

■ 슬라이드 삭제하기

[슬라이드 축소판 창]에서 삭제할 슬라이드를 선택한 후 Delete를 누릅니다.

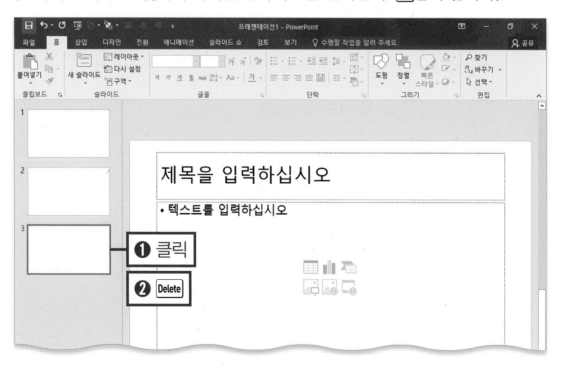

슬라이드 레이아웃 변경하기

1 ····· 슬라이드를 선택한 다음 [홈] 탭-[슬라이드] 그룹에서 [레이아웃]을 클릭한 후 [제목만] 슬라이드를 클릭합니다.

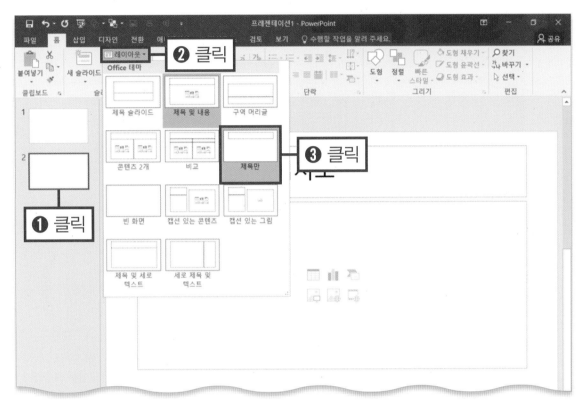

2 ····· 레이아웃이 '제목만' 슬라이드로 바뀐 것을 확인할 수 있습니다.

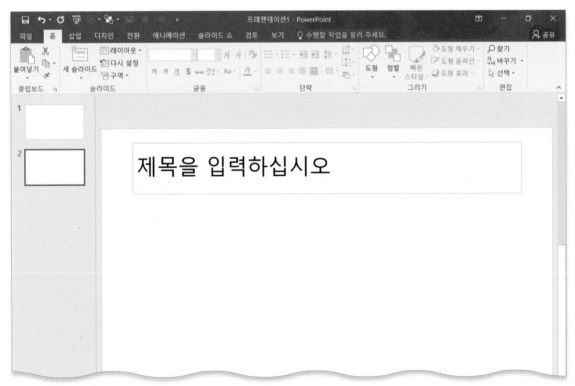

조금 더 배우기

다양한 방법으로 슬라이드 보기

■ [보기] 탭에서 슬라이드 보기

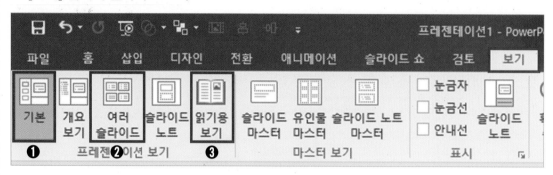

❶ **기본** : 파워포인트를 실행하면 기본으로 나타나는 화면입니다.
  • **[보기 방법]** : [보기] 탭–[프레젠테이션 보기] 그룹에서 [기본]을 클릭하거나 슬라이드 오른쪽 하단에 있는 보기 전환 아이콘 중 [기본](▣)을 클릭합니다.
❷ **여러 슬라이드** : 모든 슬라이드를 한눈에 볼 수 있는 보기 형태입니다.
  • **[보기 방법]** : [보기] 탭–[프레젠테이션 보기] 그룹에서 [여러 슬라이드]를 클릭하거나 슬라이드 오른쪽 하단에 있는 보기 전환 아이콘 중 [여러 슬라이드](▦)를 클릭합니다.
❸ **읽기용 보기** : 사용자들이 작성한 프레젠테이션을 현재의 파워포인트 창 안에서 미리 검토하고 시험해 볼 수 있도록 합니다.
  • **[보기 방법]** : [보기] 탭–[프레젠테이션 보기] 그룹에서 [읽기용 보기]를 클릭하거나 슬라이드 오른쪽 하단에 있는 보기 전환 아이콘 중 [읽기용 보기](▥)를 클릭합니다.

■ [슬라이드 쇼] 탭에서 슬라이드 쇼 실행하기

슬라이드 쇼 보기 : 모든 작성이 끝난 후 발표할 때 사용합니다.
  • **[보기 방법]** : [슬라이드 쇼] 탭–[슬라이드 쇼 시작] 그룹에서 [처음부터](F5) 혹은 [현재 슬라이드부터](Shift+F5)를 클릭하거나 슬라이드 오른쪽 하단에 있는 보기 전환 아이콘 중 [슬라이드 쇼](▯)를 클릭합니다.

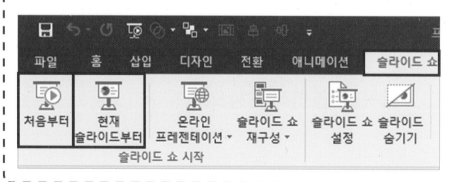

CHAPTER 04

: 파워포인트 2016 기본 다지기 :
파워포인트 텍스트 기능 익히기-1

POINT

프레젠테이션에서 정보를 정확히 전달하는 방법으로 텍스트를 사용합니다.
이번 장은 텍스트 기본 입력 방법과 폰트를 다운로드받는 방법을 익혀 봅니다.

완성 화면
미리 보기

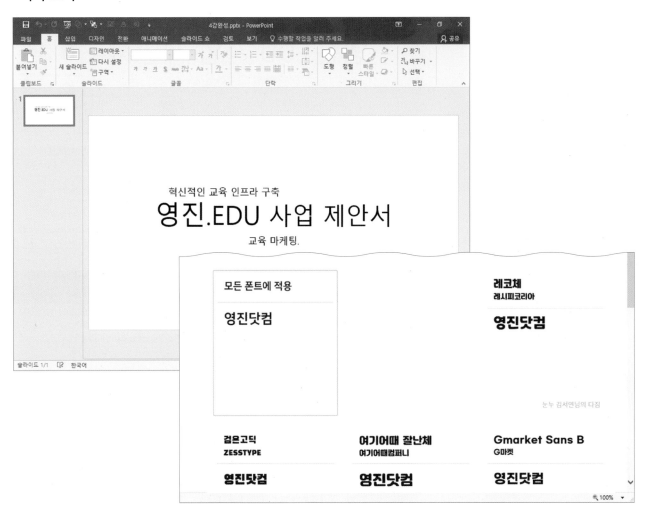

여기서
배워요! 텍스트 입력, 폰트 다운로드받기

1 ‥‥‥ 파워포인트 2016을 실행한 후 [새 프레젠테이션]을 클릭합니다. 처음 화면에 나타나는 '제목 슬라이드'에서 [제목을 입력하십시오]를 클릭한 후 '영진.EDU 사업 제안서'를 입력합니다.

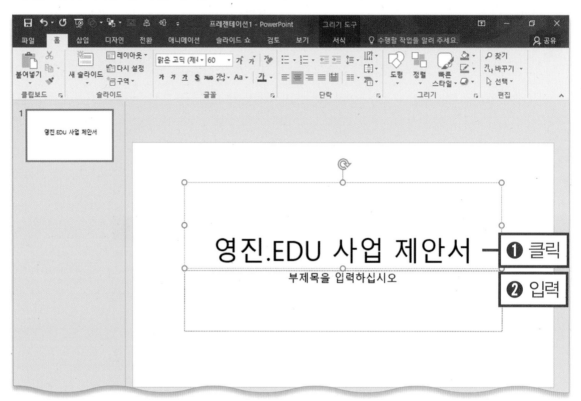

2 ‥‥‥ [부제목을 입력하십시오]를 클릭한 후 '교육 마케팅.'을 입력합니다.

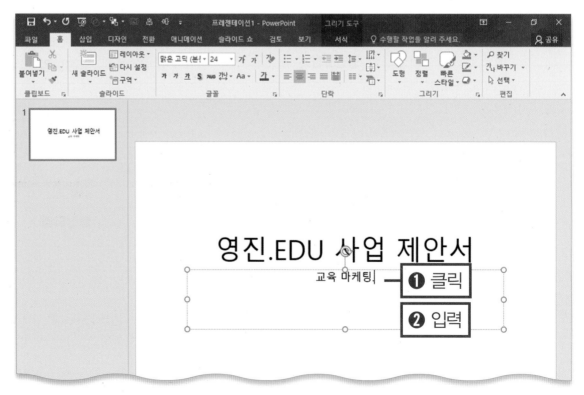

3 ...... 제목 위에 또 다른 텍스트를 입력하기 위해 [홈] 탭-[그리기] 그룹에서 [도형]을 클릭합니다. 목록 중 [기본 도형] 그룹에서 [텍스트 상자]를 클릭합니다.

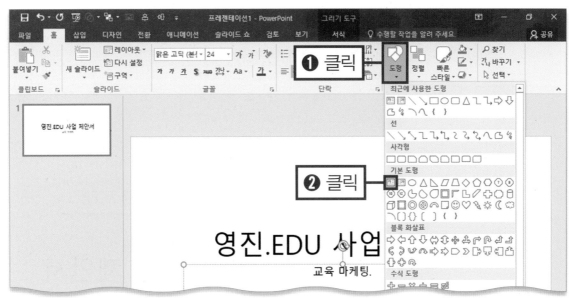

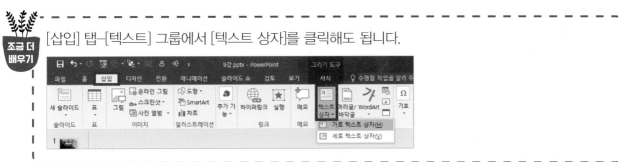

[삽입] 탭-[텍스트] 그룹에서 [텍스트 상자]를 클릭해도 됩니다.

4 ...... 마우스 포인터가 (⊥) 모양으로 바뀌면 아래와 같이 텍스트를 입력하려는 위치를 한 번 클릭한 후 '혁신적인 교육 인프라 구축'을 입력합니다.

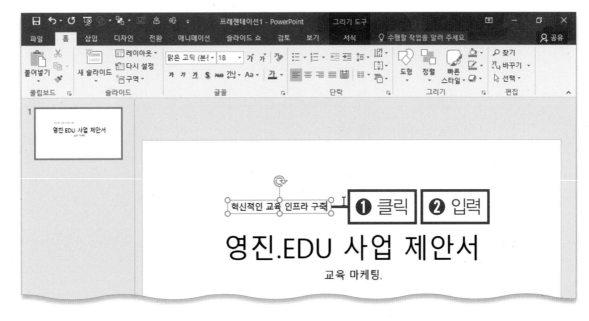

5 ····· 텍스트 위치를 변경하기 위해 새로 삽입한 텍스트 상자 외곽선에 마우스 포인터를 위치시키면 포인터의 모양이 (⊹)으로 변경됩니다. 클릭한 상태로 원하는 위치에 드래그합니다.

조금 더 배우기

텍스트 상자 다루기

• [기본 도형]에서 [텍스트 상자]를 선택한 후 슬라이드에 한 번만 클릭하고 입력할 때

 ➡ 영진 출판새

• [기본 도형]에서 [텍스트 상자]를 선택한 후 슬라이드에 드래그한 후 입력할 때

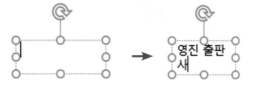

• **삽입된 텍스트 상자를 선택할 때**

텍스트 상자의 외곽선이 점선일 때 클릭하면 실선으로 바뀝니다. 이 상태에서는 이동을 할 수 있고 글자의 서식을 줄 때 블록을 설정하지 않아도 서식을 지정할 수 있습니다.

PPT에 유용한 무료 폰트 다운로드 받기

1 ..... 네이버(naver.com) 사이트에 접속합니다. 검색란에 '눈누 폰트'를 입력한 다음 Enter↵를 누릅니다. 검색된 웹사이트 목록 중 [눈누 상업용 무료한글폰트 사이트]를 클릭합니다.

2 ..... 사이트가 나타나면 상단 탭에서 [모든폰트]를 클릭합니다. '모든 폰트에 적용' 텍스트 박스에 글자를 입력하여 여러 폰트를 테스트해 봅니다.

3 ...... 이번에는 다운로드받을 텍스트의 이름을 직접 입력해 보도록 하겠습니다. '이름으로 검색'란에 'kbiz한마음고딕체'를 입력한 후 Enter↵를 누릅니다. 이후 [KBIZ한마음고딕체]를 클릭합니다.

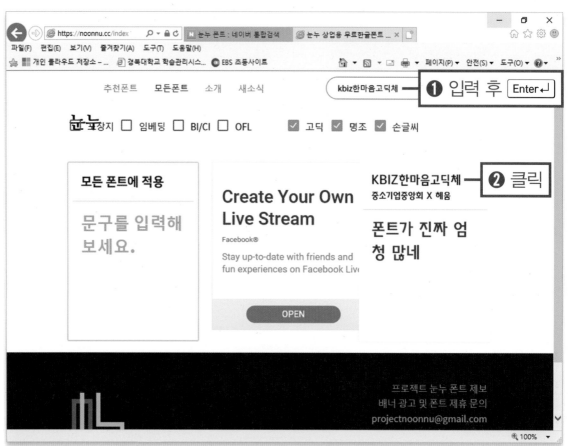

용도별에 따른 폰트 사용 방법

☐ 포장지　☐ 임베딩　☐ BI/CI　☐ OFL
　　❶　　　　　❷　　　　　❸　　　　　❹

❶ **포장지** : 외부 상품을 제작하는데 사용 가능 여부를 말합니다.

❷ **임베딩** : 블로그나 앱 개발 등을 할 때 사용 가능 여부를 말합니다.

❸ **BI/CI** : 기업이나 브랜드의 로고, 디자인 등에 폰트 사용이 가능한 것을 말합니다.

❹ **OFL** : 제작자가 폰트의 모든 권리를 공개한 폰트를 말합니다. 다만, 폰트 자체의 유료 거래나 재판매는 안됩니다. 만일 OFL이 비허용이라면, 폰트를 임의로 변경하거나 소스 코드를 바꾸는 등의 행위가 불가하다는 뜻입니다.

4 ······ 'KBIZ한마음고딕체' 폰트의 사용 조건을 확인한 후 [다운로드] 버튼을 클릭합니다.

 '눈누 폰트' 사이트는 상업용으로 쓸 수 있는 폰트들을 연결하여 표시해 놓은 사이트입니다. 각 폰트의 설치 방법이 사이트마다 다르므로 잘 살펴보고 설치하세요.

5 ······ 'KBIZ한마음고딕체' 사이트가 나타나면 스크롤을 아래로 드래그한 후 '다운로드 및 설치방법'에서 [Windows OS용 자동설치] 버튼을 클릭합니다.

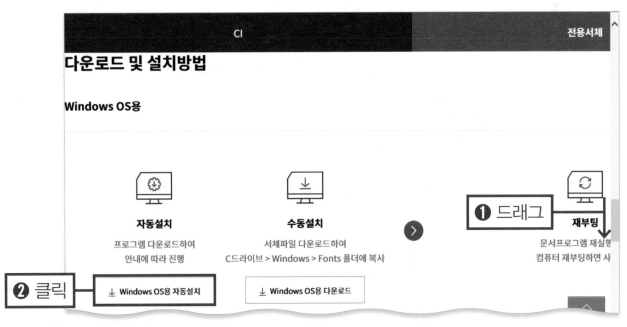

 폰트의 종류
- TTF(True Type Font) : Windows OS용 폰트입니다.
- OTF(Open Type Font) : OS X OS용 폰트입니다.

6 ..... 하단의 저장 대화 상자가 나타나면 '저장'의 [목록 단추](▼)를 클릭한 후 [다른 이름으로 저장]을 클릭합니다. '다른 이름으로 저장' 대화 상자가 나타나면 저장 위치를 '바탕 화면'으로 선택한 후 [저장] 버튼을 클릭합니다.

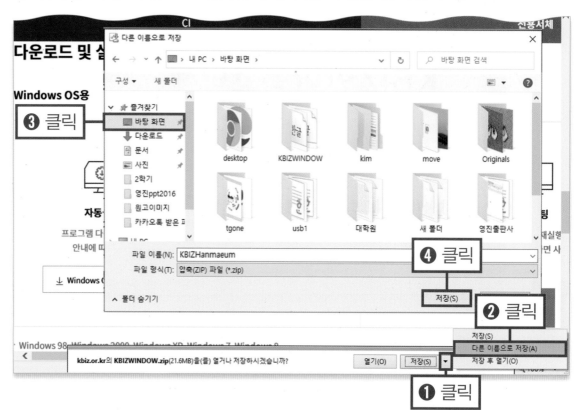

7 ..... 바탕 화면에 다운로드된 압축 파일에서 마우스 오른쪽 버튼을 누른 후 [열기]를 클릭합니다.

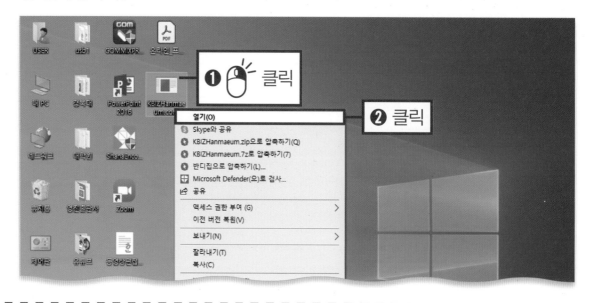

조금 더 배우기 : 반디집 등 다운로드받은 압축 파일을 해제할 수 있는 프로그램이 설치되어 있는 상태여야 합니다.

8 ...... 'KBIZ한마음체 설치' 대화 상자가 나타나면 [Next] 버튼을 클릭합니다.

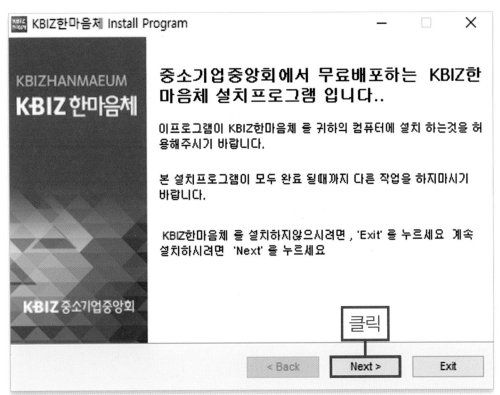

9 ...... 설치 디렉토리를 지정하는 대화 상자가 나타나면 [Next] 버튼을 클릭합니다.

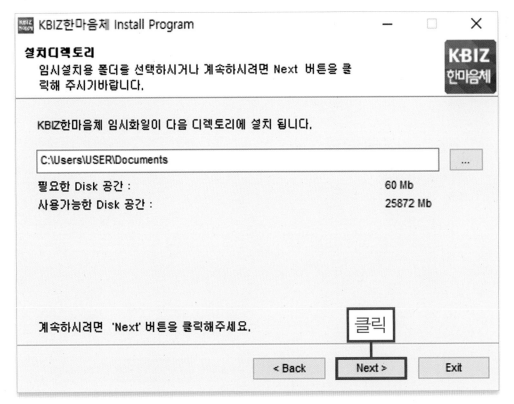

10 ······ '설치 승인' 대화 상자가 나타나면 [Start] 버튼을 클릭합니다.

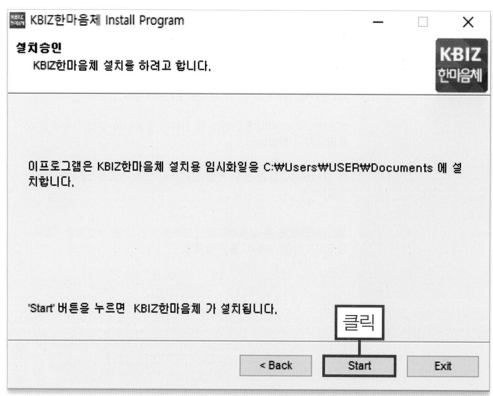

11 ······ 설치 진행이 끝나면 [Next] 버튼을 클릭합니다.

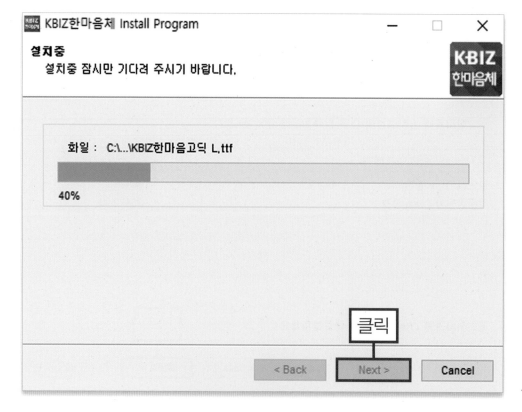

12 ······설치가 완료되면 [Exit] 버튼을 클릭하여 마무리합니다. 나머지 폰트들도 같은 방법으로 설치합니다.

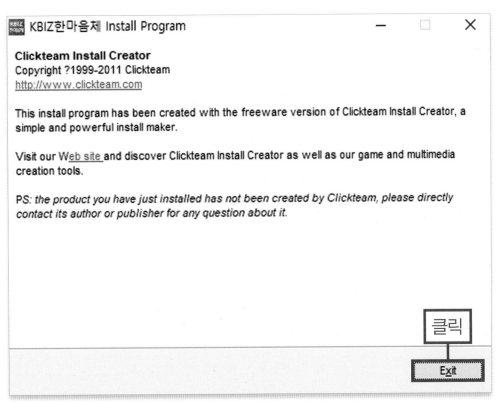

- 다운로드받을 폰트 파일의 확장자가 '.ttf' 혹은 '.exe'이면 저장하지 않고 바로 [열기] 버튼을 클릭하여 설치할 수 있습니다.
- 폰트를 설치힐 때 파워포인트가 열려 있는 상태에서 설치하면 글자 목록이 뜨지 않습니다. 설치 시 모든 워드 프로그램을 종료한 다음 폰트를 설치하고 다시 워드 프로그램을 실행해야 합니다.
- 교재에 사용된 폰트는 [예제 파일]–[4강]–[다운로드폰트] 폴더에 있습니다.

: 파워포인트 2016 기본 다지기 :
파워포인트 텍스트 기능 익히기-2

POINT

이번 장은 다운로드받은 폰트를 사용하여 텍스트를 디자인하는 방법과
목록 작성법을 알아봅니다.

완성 화면
미리 보기

혁신적인 교육 인프라 구축

영진.EDU 사업 제안서

CONTENTS

1. 사업 개요
2. 교육환경 분석
   ▪ 교육시장 규모 및 추이
   ▪ 경쟁사 교육 분석
3. 사업 소개 및 전략
   ▪ 교육 서비스 소개
   ▪ 교육 마케팅 전략
4. 세부 운영 계획
5. 재무 계획
6. 기대효과

여기서
배워요!
다운로드받은 폰트 적용하기, 워드아트 적용하기, 글머리 기호 삽입하기

다운로드받은 폰트 적용하기

1 [예제 파일]–[5강] 폴더에서 [5강.pptx] 파일을 불러옵니다. '영진.EDU 사업 제안서'의 텍스트 상자 외곽선을 클릭합니다.

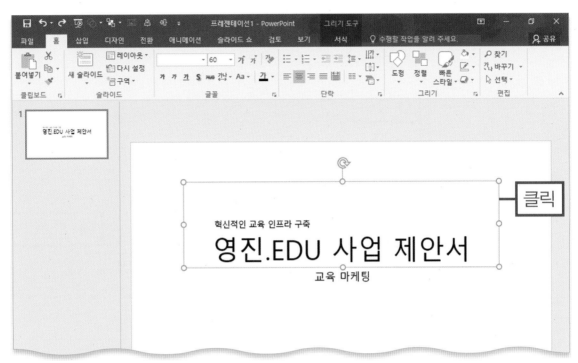

2 [홈] 탭–[글꼴] 그룹에서 [글꼴]의 [목록 단추](▾)를 클릭한 후 다운로드받은 [KBIZ한마음고딕 B]를 선택합니다. [글꼴 크기]는 '60' 그대로 변경하지 않습니다.

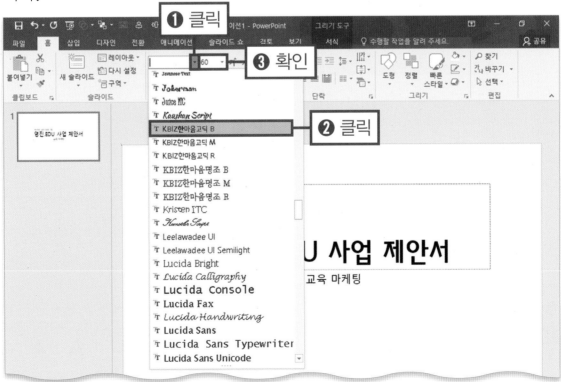

3 '혁신적인 교육 인프라 구축' 텍스트 상자 외곽선을 클릭하고 [Shift]를 누른 채 '교육 마케팅' 텍스트 상자를 클릭합니다. [글꼴]은 [빙그레체], [글꼴 크기]는 [24]로 선택합니다. [굵게](가)를 클릭합니다.

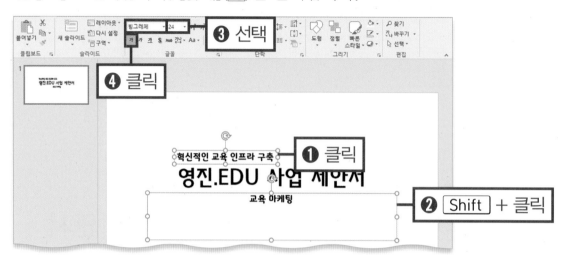

 '빙그레체'는 [예제 파일]–[4강]–[다운로드폰트] 폴더에 있습니다.

STEP 2 · 워드아트 적용하기

1 '사업 제안서' 부분을 드래그해 블록 설정한 후 [그리기 도구]의 [서식] 탭을 클릭합니다. [WordArt 스타일] 그룹에서 [빠른 스타일]을 클릭합니다.

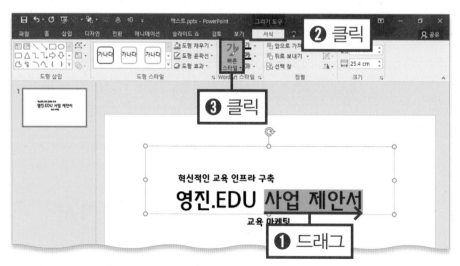

 파워포인트의 해상도에 따라 [빠른 스타일]이 다르게 보일 수 있습니다. [빠른 스타일]의 다양한 종류를 확인할 때는 [자세히](▽) 버튼을 클릭합니다.

2 목록에서 [채우기−검정, 텍스트 1, 윤곽선−배경 1, 진한 그림자−배경 1]을 클릭합니다.

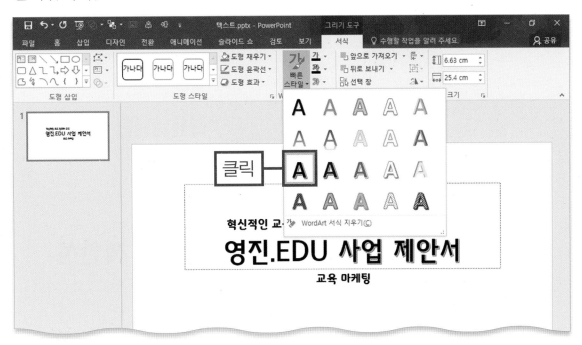

조금 더
배우기

• WordArt 스타일을 적용한 다음 서식이 마음에 들지 않으면 [WordArt 스타일] 메뉴에서 [텍스트 채우기](가▾), [텍스트 윤곽선](가▾), [텍스트 효과](가▾)를 각각 적용해서 꾸며도 됩니다.
• 적용한 WordArt 스타일을 지우려면 메뉴 아래에서 [WordArt 서식 지우기]를 클릭합니다.

3 [영진]을 드래그해 블록 설정한 후 [WordArt 스타일] 그룹에서 [텍스트 채우기](가▾)의 [목록 단추](▾)를 클릭한 다음 [주황]을 클릭합니다.

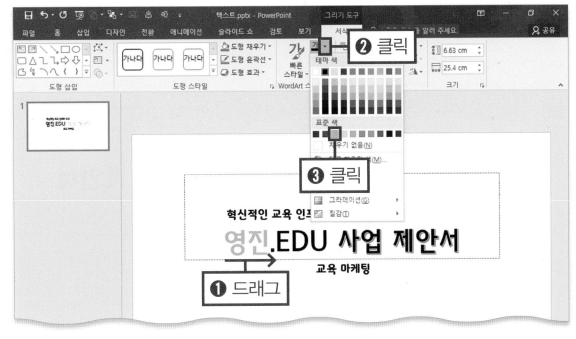

4 이번에는 [텍스트 윤곽선](가▾)의 [목록 단추](▾)를 클릭한 다음 [진한 빨강]을 클릭합니다.

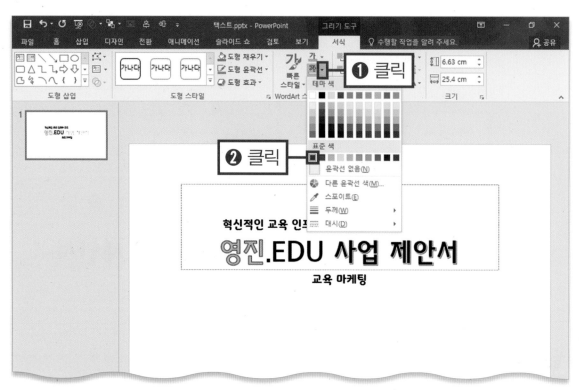

5 [EDU]를 드래그해 블록 설정한 후 [텍스트 채우기](가▾)는 [주황, 강조 2, 60% 더 밝게], [텍스트 윤곽선](가▾)은 [파랑]을 적용합니다.

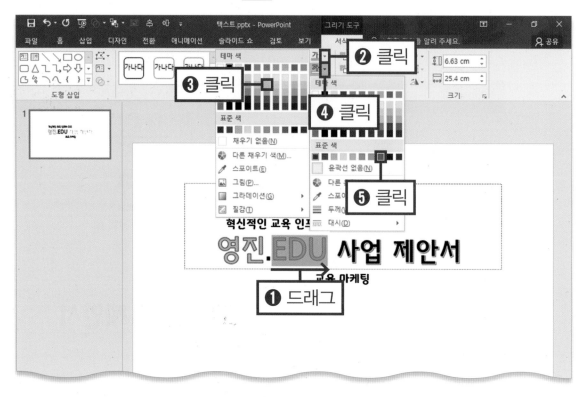

6 ..... [영진.EDU]를 드래그해 블록 설정한 후 [홈] 탭을 클릭합니다. [글꼴] 그룹에서 [글꼴 크기]의 [목록 단추](▾)를 클릭한 후 [66]을 선택합니다.

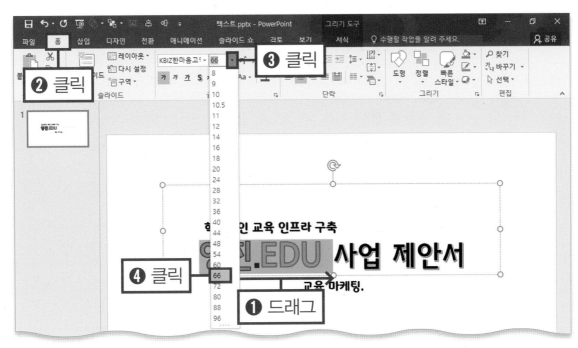

STEP 3 글머리 기호 삽입하기

1 ..... [홈] 탭-[슬라이드] 그룹에서 [새 슬라이드]를 클릭한 후 [제목 및 내용]을 선택합니다.

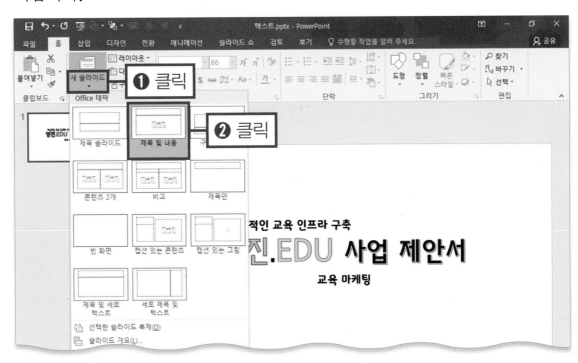

2 아래와 같이 내용을 입력합니다.

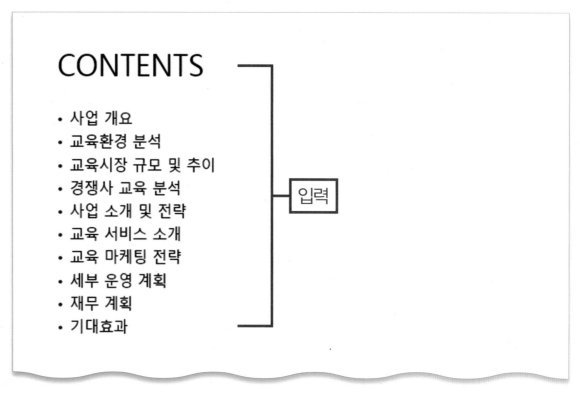

3 작성한 '목록'의 텍스트 상자 외곽선을 클릭한 다음 [단락] 그룹에서 [번호 매기기]의 [목록 단추](▾)를 클릭한 후 [1.2.3.]을 선택합니다.

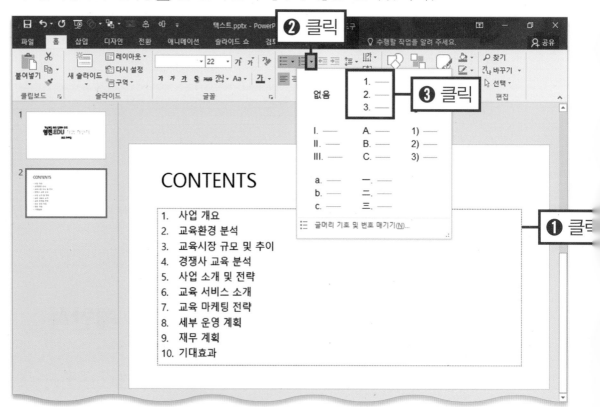

4 [교육시장 규모 및 추이]와 [경쟁사 교육 분석]을 함께 드래그해 블록 설정한 후 Tab을 눌러 한 수준을 내립니다. [단락] 그룹에서 [글머리 기호]의 [목록 단추](▼)를 클릭한 후 [속이 찬 정사각형 글머리 기호]를 선택합니다.

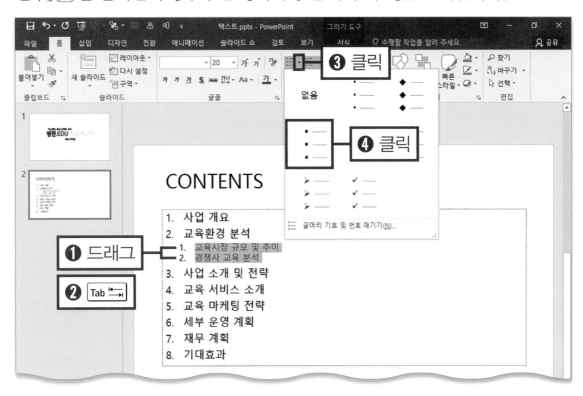

5 [교육 서비스 소개]와 [교육 마케팅 전략]도 동일하게 설정합니다.

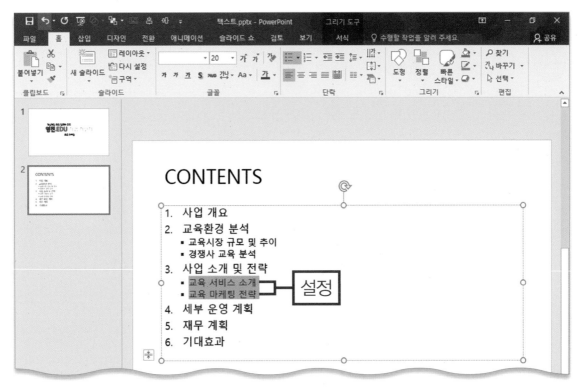

6 ⋯⋯ '목록'의 텍스트 상자 외곽선을 클릭한 후 [줄 간격]–[1.0]을 차례대로 클릭합니다. 'CONTENTS'의 텍스트 상자 외곽선을 클릭한 다음 동일하게 [줄 간격]을 [1.0]으로 설정합니다.

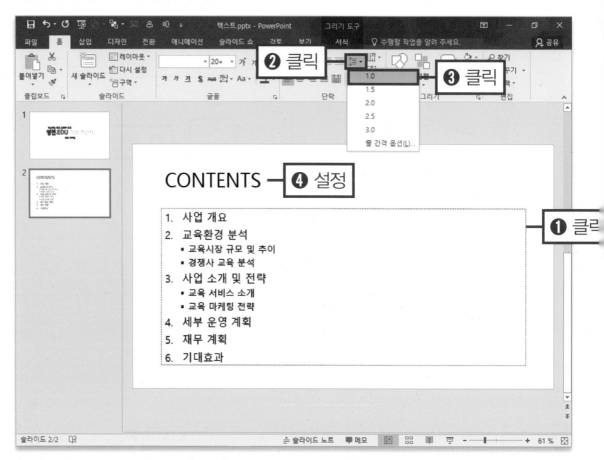

 텍스트 상자에 목록이 꽉 차 있을 때 [줄 간격]을 지정하면 줄 간격이 자동으로 정리되면서 글자 크기가 작아집니다. 이에 맞춰서 텍스트 상자의 높이를 조금 조절합니다.

혼자서도 만들 수 있어요!

1 텍스트를 입력한 후 아래와 같이 서식을 지정해 보세요.

2021년도 교육운영
TGONE 사업계획서
교육팀

2 WordArt 스타일을 사용하여 아래와 같이 글씨 효과를 넣어 보세요.

2021년도 교육운영
TGONE 사업계획서
교육팀

CHAPTER
06

: 파워포인트 2016 기본 다지기 :

파워포인트 도형 기능 익히기

POINT

파워포인트의 도형은 PPT의 모든 개체를 만들 수 있습니다.
이번 장은 도형을 다루는 기본 방법을 알아봅니다.

완성 화면
┌ 미리 보기

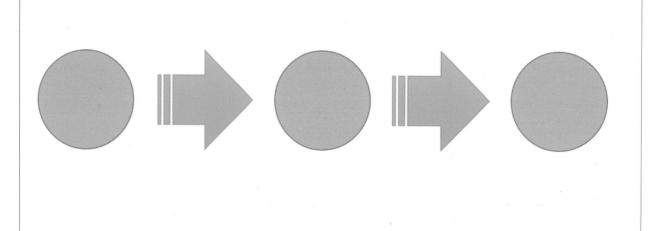

여기서
┌ 배워요! 도형 복사하기, 도형 복제하기, 도형 변경하기, 도형 서식 지정하기, 도형 그룹 만들기

1 ..... [예제 파일]-[6강] 폴더에서 [6강.pptx] 파일을 불러옵니다. [슬라이드 축소판 창]에서 [2] 슬라이드를 클릭합니다. [홈] 탭-[슬라이드] 그룹에서 [새 슬라이드]를 클릭한 후 [빈 화면] 슬라이드를 선택합니다.

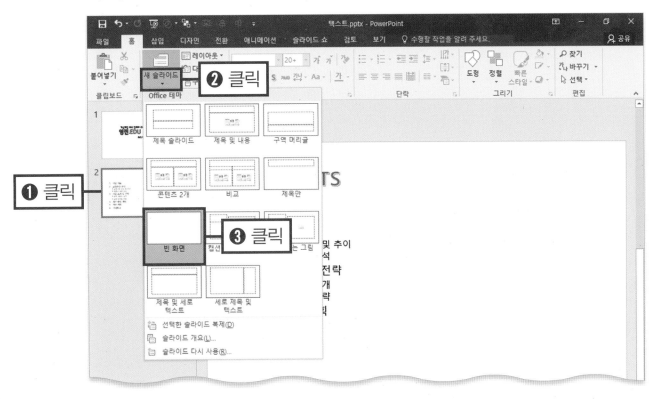

2 ..... [그리기] 그룹에서 [도형]을 클릭한 후 [기본 도형] 그룹에서 [타원]을 선택합니다.

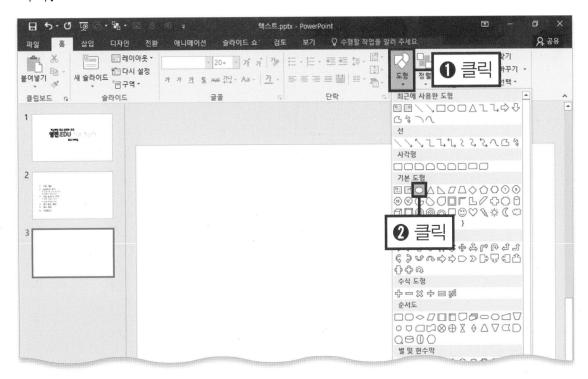

3 ...... [Shift]를 누른 상태로 드래그하여 [정방향 타원]을 삽입합니다. 이후 [Ctrl]을 누른 상태에서 오른쪽으로 드래그하여 복사합니다.

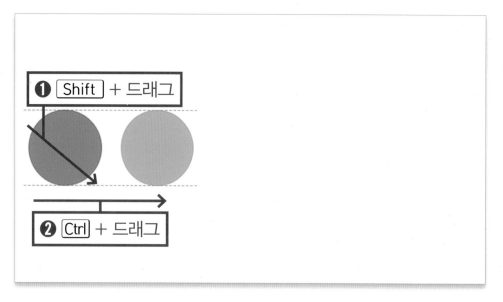

조금 더 배우기

- 도형을 [Shift]나 [Ctrl]을 누른 채 클릭한 후 드래그하면 점선 레이아웃이 생깁니다. 레이아웃에 맞춰 편리하게 도형을 위치시킬 수 있습니다.
- 복사할 도형에 마우스 오른쪽 버튼을 누른 후 단축 메뉴에서 [복사]를 클릭한 다음 붙여 넣을 위치에 단축 메뉴의 [붙여넣기]를 지정해도 됩니다.

STEP 2 도형 복제하기

1 ...... 두 번째 타원을 클릭한 후 [Ctrl]+[D]를 눌러 복제합니다. 키보드의 방향키([←], [→], [↑], [↓])를 사용해 그림과 같이 높이와 간격을 잡아 줍니다.

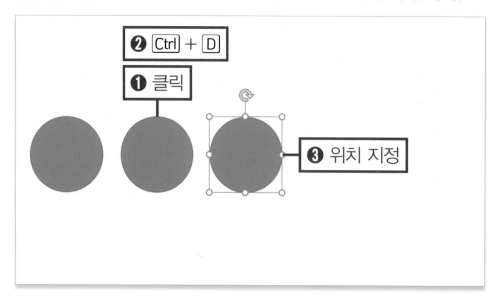

2 ⋯⋯ Ctrl+D를 2번 눌러 타원을 2개 복사한 후 그림과 같이 드래그해 위치시킵니다.

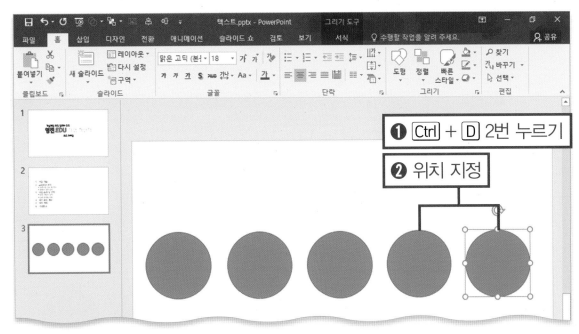

3 ⋯⋯ 타원의 간격을 동일하게 맞추기 위해 Ctrl+A를 눌러 도형 전체를 선택합니다. [그리기] 그룹에서 [정렬]을 클릭한 후 [개체 위치] 그룹에서 [맞춤]-[위쪽 맞춤]을 차례대로 클릭합니다. 다시 한 번 [정렬]을 클릭한 후 [개체 위치] 그룹에서 [맞춤]-[가로 간격을 동일하게]를 차례대로 클릭합니다.

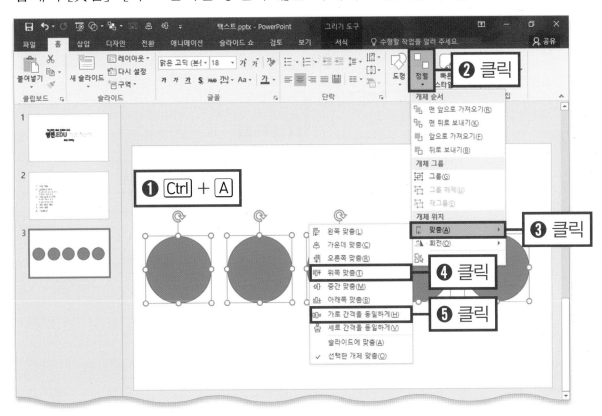

1 두 번째 타원을 클릭한 후 [그리기 도구]의 [서식] 탭을 클릭합니다. [도형 삽입] 그룹에서 [도형 편집](🔲▾)−[도형 모양 변경]을 차례대로 클릭한 후 [블록 화살표] 그룹의 [줄무늬가 있는 오른쪽 화살표]를 선택합니다. 4번째 타원도 동일하게 설정한 후 빈 곳을 클릭해 선택 해제합니다.

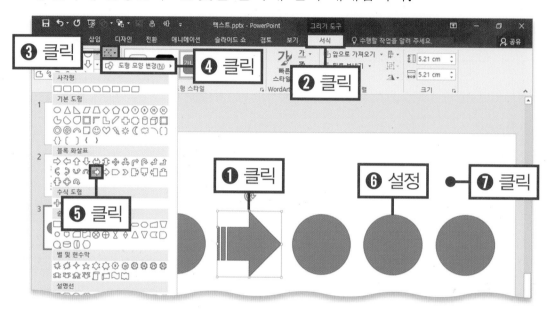

2 [Shift]를 누른 채 타원 3개를 각각 클릭하여 선택한 후 [그리기 도구]의 [서식] 탭을 클릭합니다. [도형 스타일] 그룹에서 [도형 채우기]를 클릭한 다음 [주황]을 선택합니다. 빈 곳을 클릭해 선택 해제합니다.

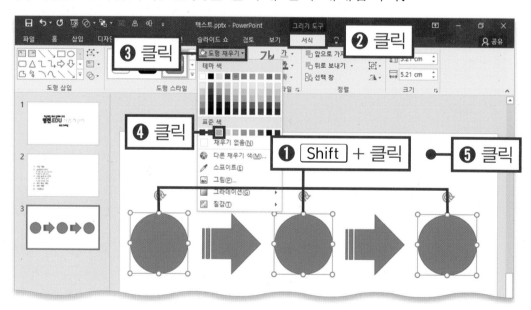

 떨어져 있는 도형을 선택할 때는 [Ctrl]을 사용해도 되지만, [Ctrl]은 자칫 드래그해 버리면 복사가 될 수 있으므로 [Shift]를 사용합니다.

3 ..... [Shift]를 누른 채 화살표 2개를 각각 클릭하여 선택합니다. [서식] 탭의 [도형 스타일] 그룹에서 [자세히]([▼]) 버튼을 클릭한 다음 [미세 효과-녹색, 강조 6]을 선택합니다.

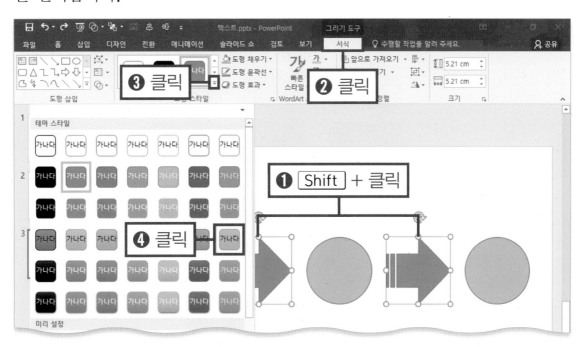

STEP 4 **도형 그룹 지정하기**

1 ..... [Ctrl]+[A]를 눌러 모든 도형을 선택합니다. 이후 [Ctrl]+[G]를 눌러 그룹 지정합니다.

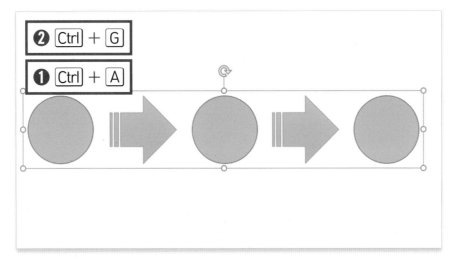

• 그룹 지정을 하면 완성된 도형을 같이 옮기거나 모양을 유지하면서 크기를 조정할 수 있습니다.
• [Ctrl]+[Shift]+[G]를 누르면 그룹이 해제됩니다.

혼자서도 만들 수 있어요!

1 도형을 이용하여 다음 슬라이드를 완성해 보세요.

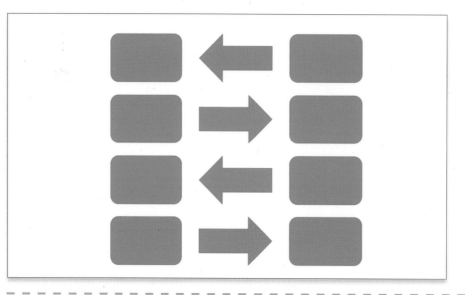

- **도형 삽입** : [홈] 탭–[그리기] 그룹–[도형]의 '사각형' 그룹에서 [모서리가 둥근 직사각형] 12개 삽입
- **변경** : 가운데 [모서리가 둥근 직사각형] 각각 선택 후 [그리기 도구]–[서식] 탭–[도형 삽입] 그룹–[도형 편집]을 클릭한 다음 [도형 모양 변경]을 선택하고 [블록 화살표] 그룹에서 [왼쪽 화살표], [오른쪽 화살표] 삽입

2 도형 서식을 이용하여 도형에 효과를 넣어 보세요.

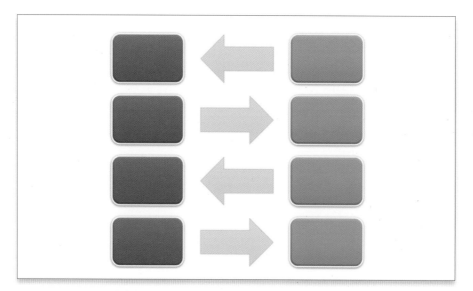

- **모서리가 둥근 직사각형** : [그리기 도구]–[서식] 탭–[도형 스타일] 그룹–[도형 채우기]를 클릭한 다음 [파랑, 강조 1, 25% 더 어둡게], [녹색, 강조 6] / 효과는 [도형 스타일] 그룹–[도형 효과]–[기본 설정]–[기본 설정 1] 적용
- **화살표** : [도형 스타일] 그룹의 [미세 효과–황금색, 강조 4] 적용

CHAPTER 07

: 파워포인트 2016 기본 다지기 :

파워포인트 이미지 기능 익히기

POINT

파워포인트 2016은 다양한 그림 스타일과 편집 기능이 있습니다.
이번 장은 이미지 편집의 기본 기능을 익혀 봅니다.

완성 화면
미리 보기

여기서
배워요! 이미지 삽입하기, 이미지 조정하기, 이미지 스타일 지정하기

1 [예제 파일]-[7강] 폴더에서 [7강.pptx] 파일을 불러옵니다. [슬라이드 축소 판 창]에서 [3] 슬라이드를 클릭합니다. [홈] 탭-[슬라이드] 그룹에서 [새 슬라이드]를 클릭한 후 [빈 화면] 슬라이드를 선택합니다.

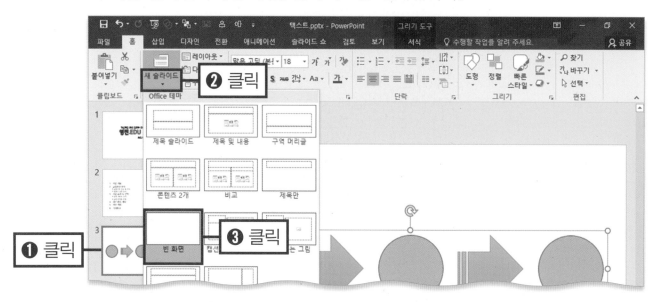

2 [삽입] 탭을 클릭한 후 [이미지] 그룹에서 [그림]을 클릭합니다. '그림 삽입' 대화 상자가 나타나면 [7강] 폴더에서 [이미지1.jpg]를 선택한 다음 [삽입] 버튼을 클릭합니다.

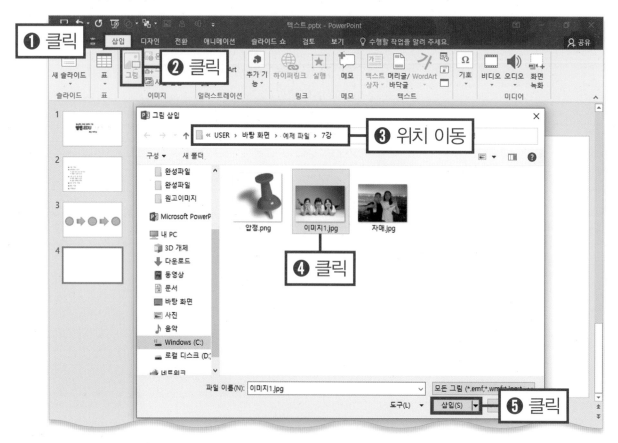

이미지 조정하기

1 [그림 도구]–[서식] 탭의 [조정] 그룹에서 [수정]을 클릭합니다. [선명도 조절] 그룹에서 [선명하게: 25%]를 선택합니다.

 [조정] 그룹의 [색]이나 [꾸밈 효과] 기능을 이용하여 그림을 다양하게 수정할 수 있습니다.

STEP 3 **이미지 스타일 지정하기**

1 [서식] 탭의 [그림 스타일] 그룹에서 [자세히](▼) 버튼을 클릭한 다음 [회전, 흰색]을 선택합니다.

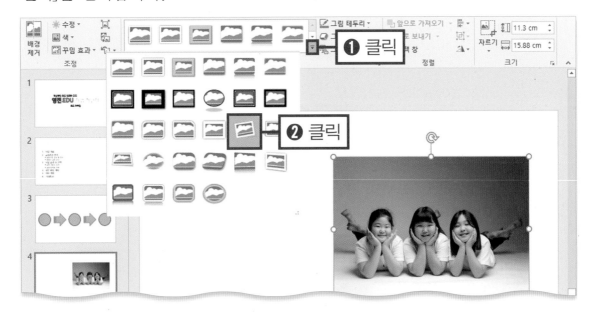

2 ^{.....} 스타일을 지정한 이미지를 드래그해 왼쪽에 배치한 후 보기와 같이 내용과 원하는 서식을 지정합니다.

- 미래 교육 : [나눔손글씨 펜], [60pt], 스타일은 [채우기-검정, 텍스트 1, 그림자]

- Education : [KBIZ한마음고딕 B], [72pt], [파랑], [텍스트 그림자]

- World : [KBIZ한마음고딕 B], [48pt], [텍스트 그림자]

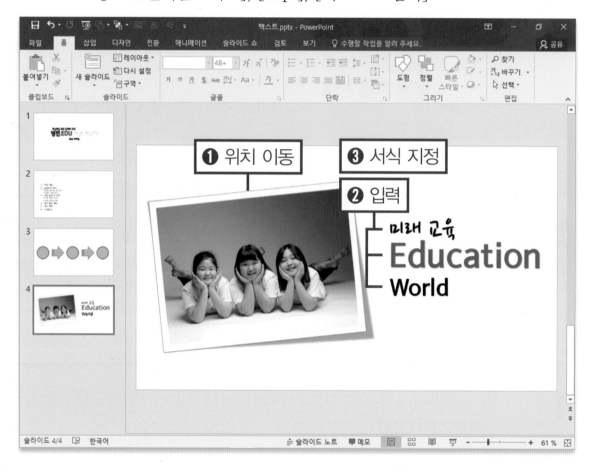

1 이미지와 텍스트를 이용하여 슬라이드를 완성해 보세요.

형제는
하늘이 내려주신
벗이다

- **이미지** : [삽입] 탭–[이미지] 그룹–[그림]을 클릭한 후 [예제 파일]–[7강] 폴더에서 [자매.jpg] 삽입
- **서식** : [그림 도구]–[서식] 탭–[그림 스타일] 그룹에서 [사각형 그림자] 선택 → 크기 및 위치 지정
- **내용** : [나눔손글씨 펜], [60pt]

2 압정 이미지를 추가해서 슬라이드를 꾸며 보세요.

형제는
하늘이 내려주신
벗이다

압정 : [삽입] 탭–[이미지] 그룹–[그림]을 클릭한 후 [예제 파일]–[7강] 폴더에서 [압정.png] 삽입 → 크기 및 위치 지정 → 압정 이미지 복사 → 크기 및 위치 지정

CHAPTER
08

: 프레젠테이션 파일 만들기 :
텍스트를 사용하여
제목 슬라이드 만들기

POINT

지금부터 파워포인트 2016을 이용하여 본격적으로 프레젠테이션 파일을 만들어 봅니다.
이번 장은 텍스트를 이용하여 제목을 디자인하는 방법을 배웁니다.

완성 화면
미리 보기

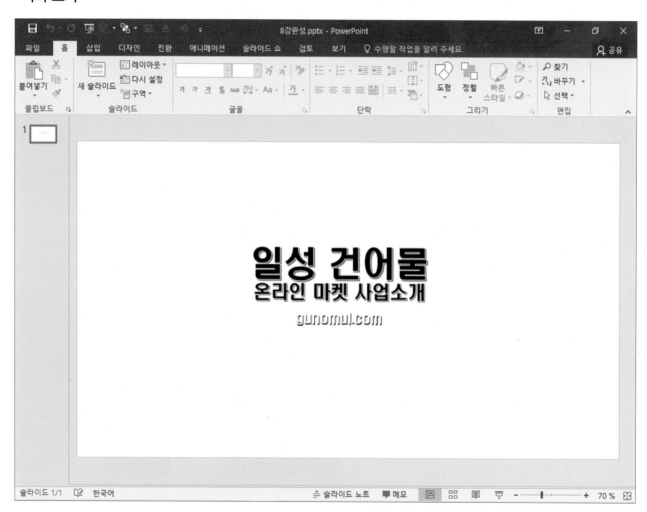

여기서
배워요! 제목 입력 및 서식 지정하기

제목 입력 및 서식 지정하기

1 파워포인트 2016을 실행한 후 [새 프레젠테이션]을 클릭합니다. 슬라이드 화면에서 [제목을 입력하십시오]를 클릭한 후 '일성 건어물 온라인 마켓 사업소개'를 입력합니다. [부제목을 입력하십시오]를 클릭한 다음 [gunomul.com]을 입력합니다.

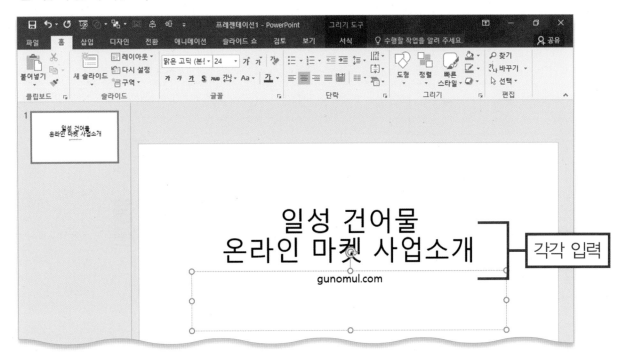

2 '제목'의 텍스트 상자 외곽선을 클릭한 후 [그리기 도구]–[서식] 탭을 클릭합니다. [WordArt 스타일] 그룹에서 [빠른 스타일]을 클릭한 다음 [채우기-검정, 텍스트 1, 윤곽선-배경 1, 진한 그림자-배경 1]을 선택합니다.

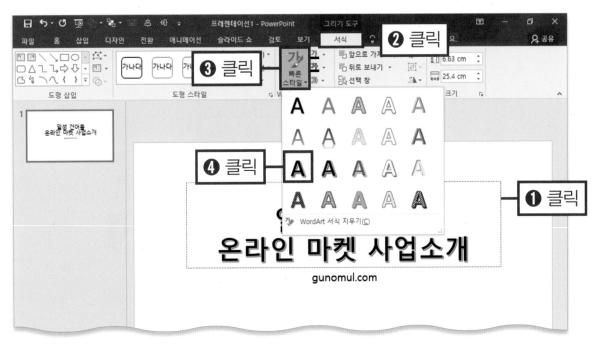

3 [홈] 탭을 클릭한 후 [글꼴] 그룹에서 [글꼴]을 [HY헤드라인M]으로 선택합니다. '온라인 마켓 사업소개'의 글자 크기를 변경하기 위해 드래그하여 블록 설정한 후 [글꼴 크기]를 [32]로 선택합니다.

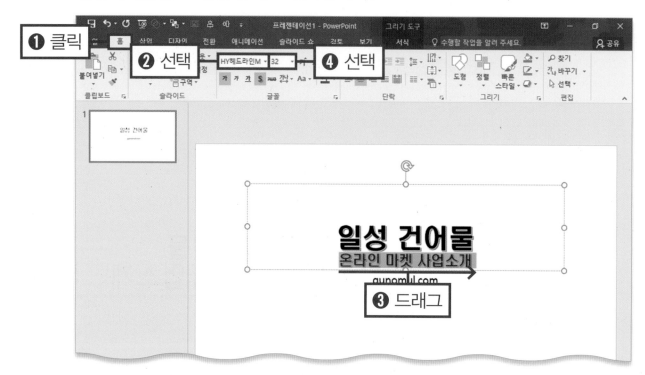

4 '부제목'의 텍스트 상자 외곽선을 클릭한 후 [글꼴] 그룹에서 [글꼴]은 [HY헤드라인M], [글꼴 크기]는 [24]로 선택합니다. [텍스트 그림자]([S])를 클릭한 다음 [글꼴 색]의 [목록 단추]([▼])를 클릭하여 [흰색, 배경 1]을 선택합니다.

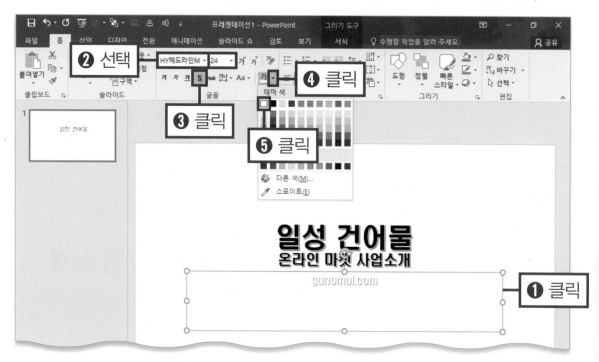

5 ······ '부제목'에 그림자 효과를 선명하게 주기 위해 [그리기 도구]–[서식] 탭을 클릭한 다음 [WordArt 스타일] 그룹에서 [텍스트 효과](가 ▾)–[그림자]를 차례대로 클릭합니다. 메뉴에서 [그림자 옵션]을 클릭합니다.

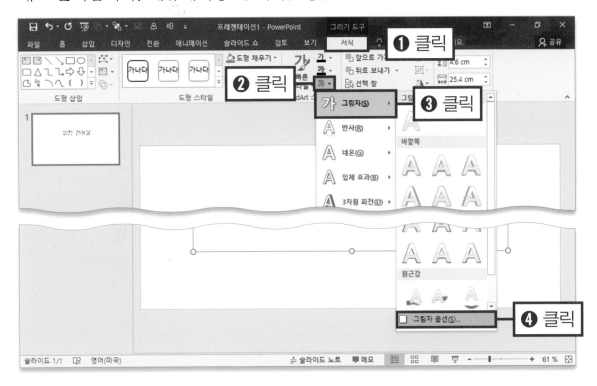

6 ······ '도형 서식' 대화 상자가 나타나면 [텍스트 옵션]–[텍스트 효과] 탭의 [그림자] 그룹에서 '투명도'의 오른쪽 입력란에 '20%'를 입력한 후 [닫기](✕) 버튼을 클릭합니다.

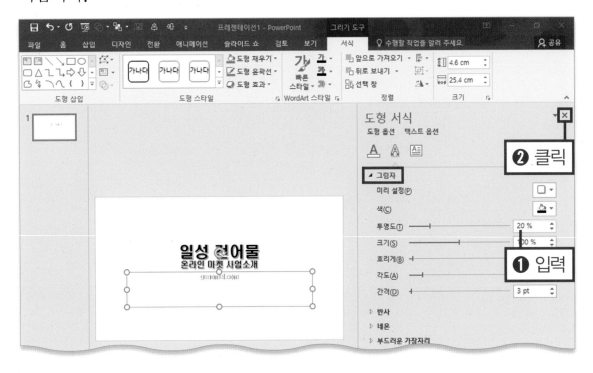

7 ⁝⁝⁝⁝⁝ 작성된 두 개의 텍스트 상자의 조절점을 드래그해 그림과 같이 여백을 줄입
니다.

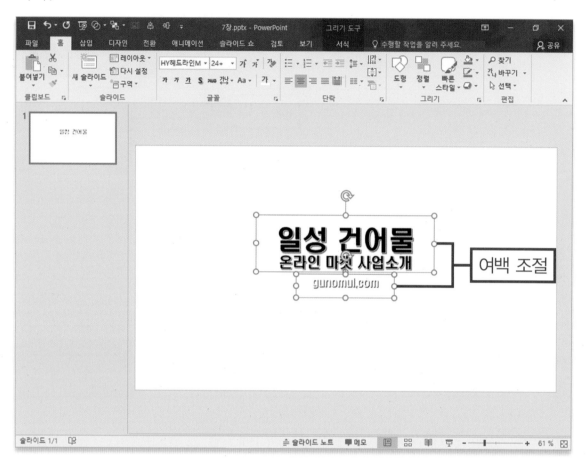

CHAPTER
09

: 프레젠테이션 파일 만들기 :

이미지와 도형을 사용하여
제목 슬라이드 만들기

이번 장은 이미지와 도형을 이용하여 제목 슬라이드의 배경을 꾸며 봅니다.

완성 화면
미리 보기

여기서
배워요! 배경 이미지 삽입하기, 도형 삽입 및 편집하기

배경 이미지 삽입하기

1 ‥‥ [예제 파일]–[9강] 폴더에서 [9강.pptx] 파일을 불러옵니다. 슬라이드 배경에서 마우스 오른쪽 버튼을 누른 다음 [배경 서식]을 클릭합니다.

2 ‥‥ '배경 서식' 대화 상자가 나타나면 [채우기] 그룹에서 [그림 또는 질감 채우기]–[파일]을 차례대로 클릭합니다. '그림 삽입' 대화 상자가 나타나면 [9강] 폴더에서 [배경.jpg]를 선택한 다음 [삽입] 버튼을 클릭합니다. 그림이 삽입되면 [닫기](×) 버튼을 클릭합니다.

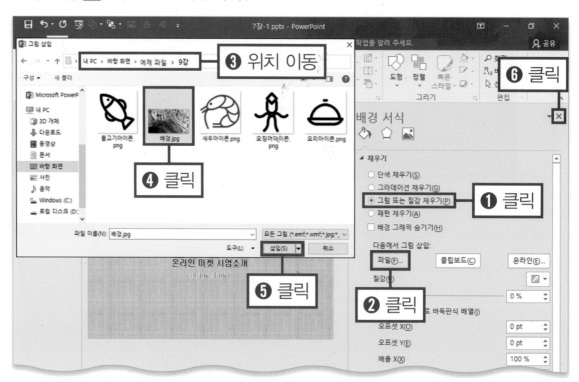

배경 이미지 편집하기

1 ⋯⋯ [홈] 탭–[그리기] 그룹에서 [도형]을 클릭한 후 [사각형] 그룹에서 [모서리가 둥근 직사각형]을 선택합니다.

2 ⋯⋯ 글씨 위에 드래그하여 그림과 같이 삽입합니다. [그리기] 그룹에서 [도형 채우기](🎨▾)를 클릭한 후 [주황, 강조 2, 50% 더 어둡게]를 선택합니다.

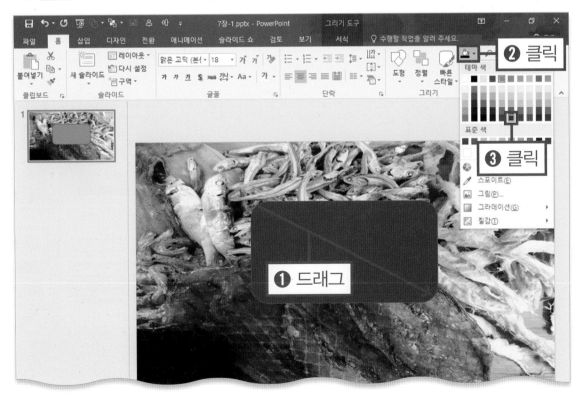

3 [도형 윤곽선](✏️▾)을 클릭한 후 [윤곽선 없음]을 선택합니다.

4 같은 도형을 하나 더 생성하기 위해 삽입한 도형이 선택된 상태로 Ctrl+D를 눌러 복제합니다. [도형 윤곽선](✏️▾)을 클릭하여 '테마 색'의 [흰색, 배경 1]을 선택합니다. 다시 한 번 [도형 윤곽선](✏️▾)을 클릭한 다음 [두께]−[4½pt]를 차례대로 클릭합니다.

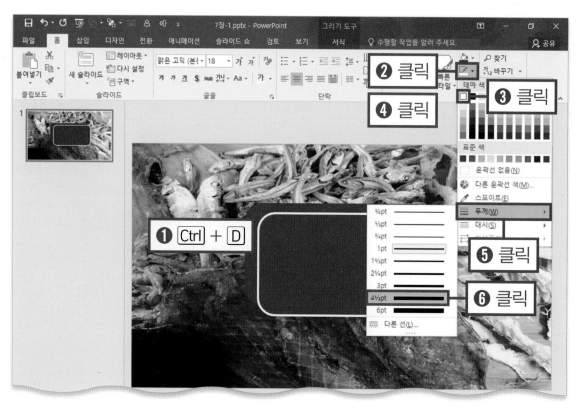

5 [도형 윤곽선](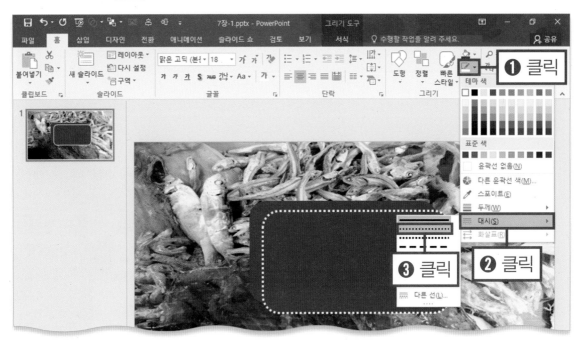)을 클릭한 후 [대시]-[둥근 점선]을 차례대로 클릭합니다.

6 편집한 점선 도형을 조절점을 드래그하여 그림과 같이 크기를 조정한 후 [Shift]를 누른 상태로 맨 처음에 만들었던 사각형을 클릭하여 두 개의 도형을 모두 선택합니다. 마우스 오른쪽 버튼을 누른 후 [그룹화]-[그룹]을 차례대로 클릭합니다.

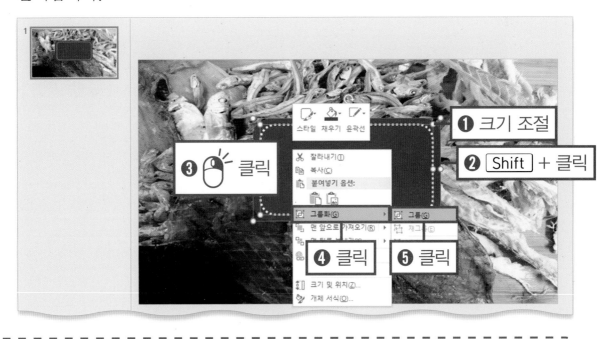

단축키 [Ctrl]+[G]를 눌러 그룹 지정을 해도 됩니다.

7 ····· 그룹화된 도형 위에 마우스 오른쪽 버튼을 누른 다음 [맨 뒤로 보내기]에 마우스 포인터를 위치시킨 후 메뉴가 나타나면 [맨 뒤로 보내기]를 클릭합니다.

8 ····· [그리기] 그룹에서 [도형]을 클릭한 후 [기본 도형] 그룹에서 [직각 삼각형]을 선택합니다.

9 그림과 같이 드래그해 배치합니다. [그리기] 그룹에서 [도형 채우기](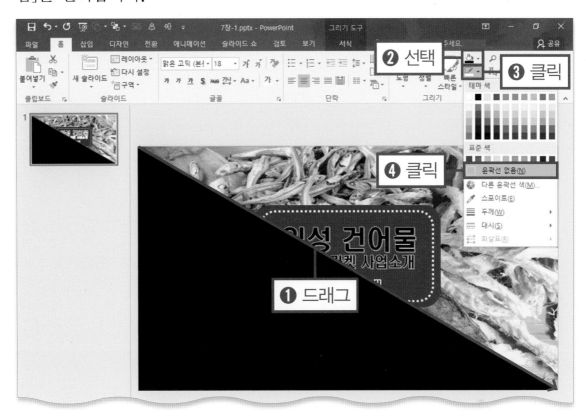)는 [검정, 텍스트 1]로 선택합니다. [도형 윤곽선]( )을 클릭한 후 [윤곽선 없음]을 선택합니다.

10 삽입한 도형 위에 마우스 오른쪽 버튼을 누른 다음 [도형 서식]을 클릭합니다.

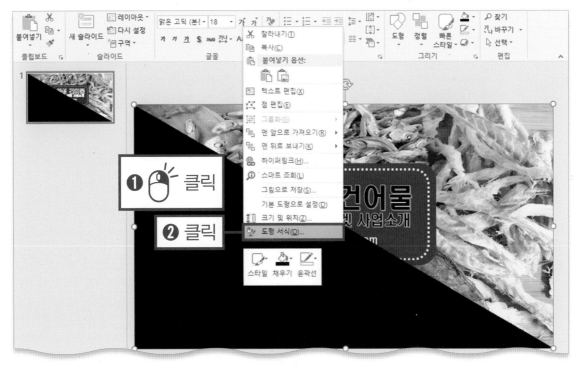

11 '도형 서식' 대화 상자가 나타나면 [도형 옵션]-[채우기 및 선] 탭의 [채우기] 그룹에서 '투명도'의 오른쪽 입력란에 '45%'를 입력한 후 [닫기](⊠) 버튼을 클릭합니다.

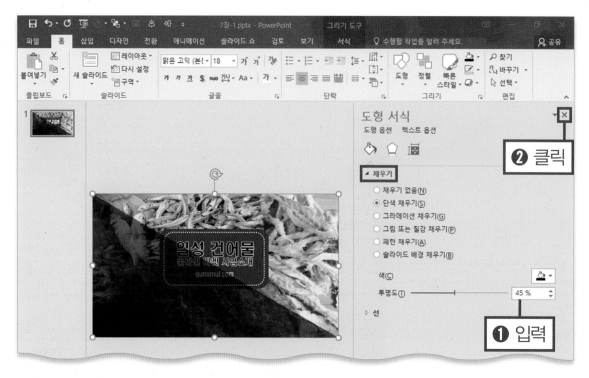

12 [도형]을 클릭한 후 [선] 그룹에서 [선]을 선택합니다.

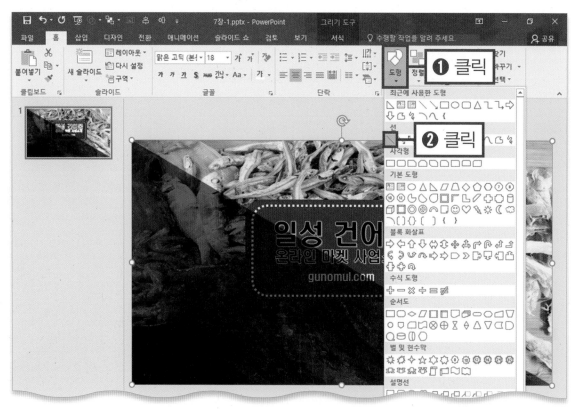

13 직각 삼각형 위에 그림과 같이 사선으로 드래그해 선을 그립니다. [도형 윤곽선]( )을 클릭한 후 '테마 색'은 [흰색, 배경 1], [두께]는 [3pt], [대시]는 [둥근 점선]을 각각 클릭하여 선택합니다.

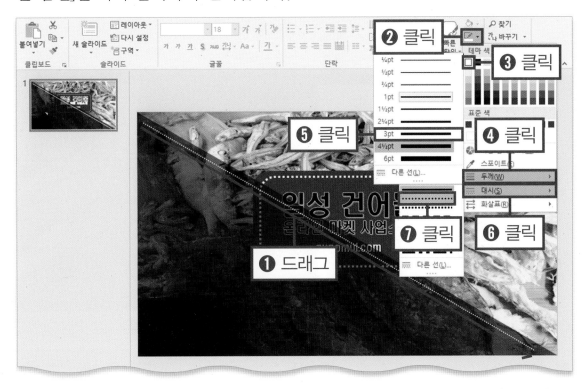

14 다시 한 번 [도형 윤곽선]( )을 클릭한 후 [화살표]-[화살표 스타일 10]을 차례대로 클릭합니다.

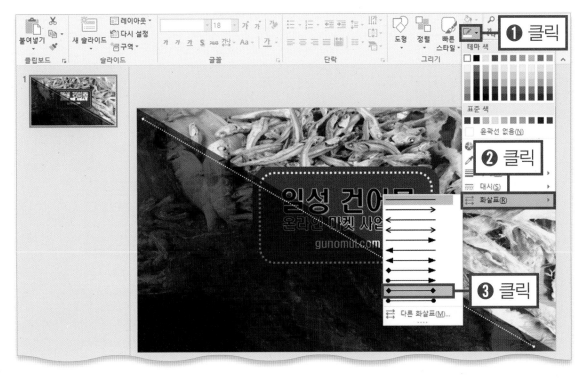

15 [Shift]를 누른 상태로 [직각 삼각형]을 클릭하여 도형을 모두 선택합니다. 마우스 오른쪽 버튼을 누른 다음 [그룹화]-[그룹]을 차례대로 클릭합니다.

16 다시 한 번 마우스 오른쪽 버튼을 누른 다음 [맨 뒤로 보내기]에 마우스 포인터를 위치시킨 후 메뉴에서 [맨 뒤로 보내기]를 클릭합니다. [파일] 탭을 클릭한 후 [저장]을 클릭하여 파일을 저장합니다.

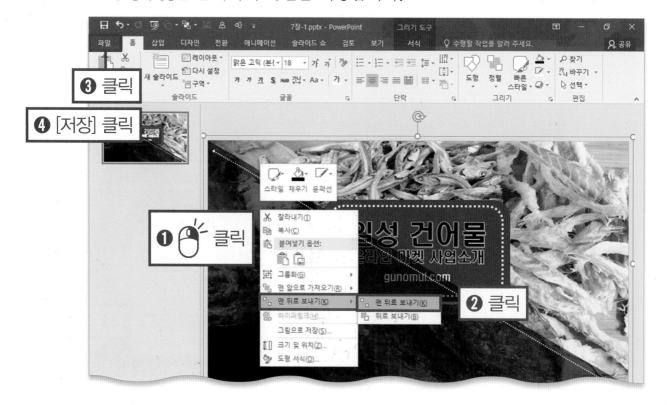

혼자서도 만들 수 있어요!

1 도형과 도형 서식을 이용하여 제목 슬라이드를 완성해 보세요.

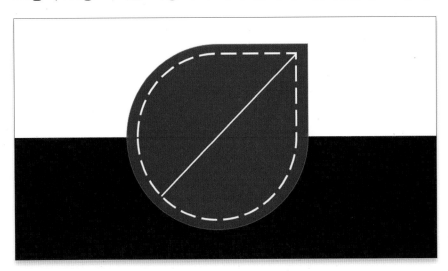

> **HINT**
> - **도형** : [홈] 탭–[그리기] 그룹에서 [도형]–[직사각형] 클릭하여 삽입 → [도형 채우기]에서 [검정, 텍스트 1] 지정
> - **물방울** : [도형]–[물방울] 클릭하여 삽입 후 [도형 채우기]는 [파랑, 강조 5, 50% 더 어둡게] → Ctrl +D 눌러 도형 복사 후 새롭게 삽입된 물방울 도형의 크기 조정 → [도형 윤곽선]은 [흰색, 배경 1], [두께]는 [4½pt], [대시]는 [긴 파선] 선택
> - **선** : [도형]–[선] 삽입 → [도형 윤곽선]은 [흰색, 배경 1], [두께]는 [3pt] 선택

2 텍스트와 이미지를 이용하여 제목 슬라이드를 꾸며 보세요.

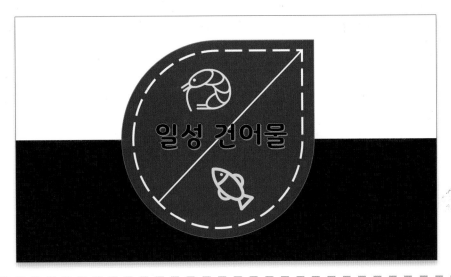

> **HINT**
> - **일성 건어물** : [글꼴]은 [빙그레체], [글꼴 크기]는 [54], [WordArt 스타일]은 [채우기–검정, 텍스트 1, 윤곽선–배경 1, 진한 그림자–강조 1] 선택
> - **이미지** : [삽입] 탭–[이미지] 그룹–[그림] 클릭 후 [9강] 폴더에서 [새우아이콘.png], [물고기아이콘.png] 각각 삽입

: 프레젠테이션 파일 만들기 :

목차 슬라이드 만들기-
순서 만들기

POINT

목차는 슬라이드의 순서를 미리 설명하는 공간입니다.
이번 장은 도형과 이미지를 이용하여 순서 만들어 봅니다.

완성 화면
미리 보기

여기서
배워요! 도형 채우기, 기타 꾸미기

도형 채우기

1 ······ [예제 파일]–[10강] 폴더에서 [10강.pptx] 파일을 불러옵니다. [홈] 탭–[슬라이드] 그룹에서 [새 슬라이드]를 클릭한 후 [제목만] 슬라이드를 선택합니다.

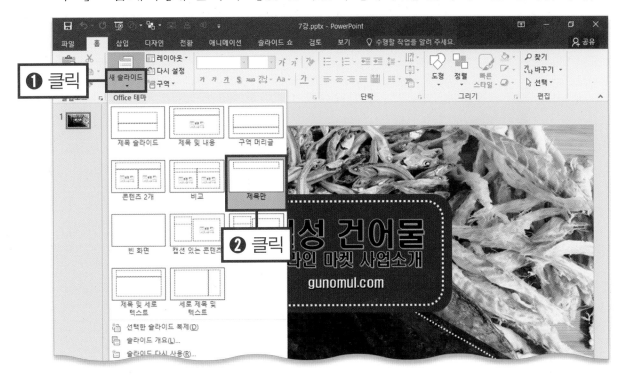

2 ······ '제목을 입력하십시오'의 텍스트 상자 외곽선을 클릭한 후 Delete를 눌러 삭제합니다.

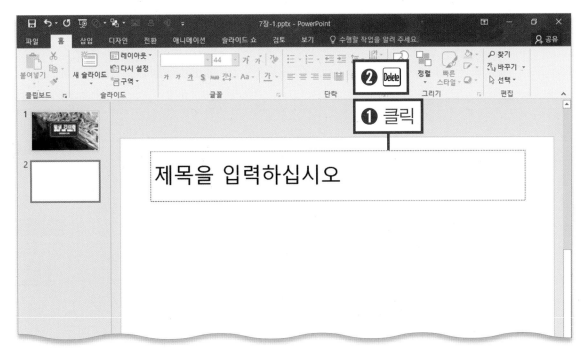

 '빈 화면' 슬라이드를 삽입하지 않은 이유는 138페이지에서 '슬라이드 마스터' 기능을 설정하기 위해서입니다.

3 [그리기] 그룹에서 [도형]을 클릭한 후 [기본 도형] 그룹에서 [타원]을 선택합니다.

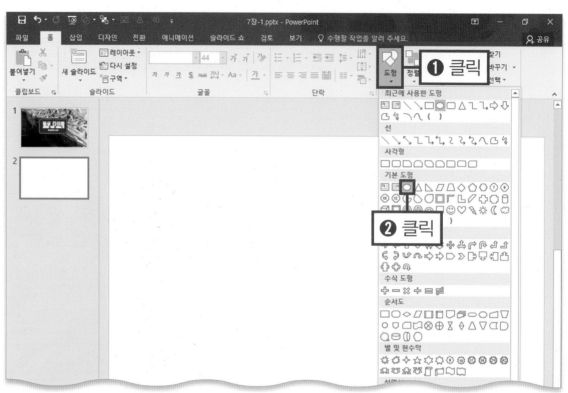

4 Shift 를 누른 상태에서 드래그하여 정방향 원을 삽입합니다. [도형 채우기] ( ) 를 클릭한 후 [그림]을 선택합니다.

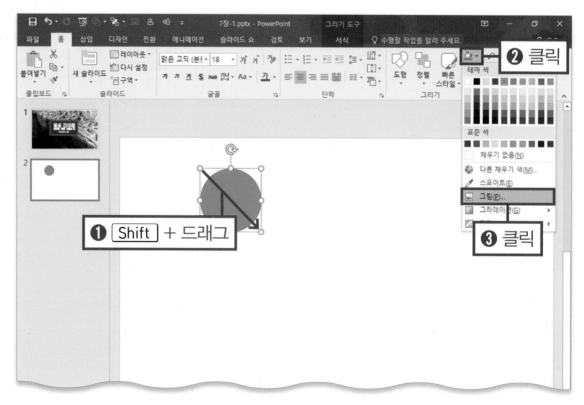

5 '그림 삽입' 대화 상자가 나타나면 [파일에서]를 클릭합니다. '그림 삽입' 대화 상자가 나타나면 10강 폴더에서 [멸치.png]를 선택한 다음 [삽입] 버튼을 클릭합니다.

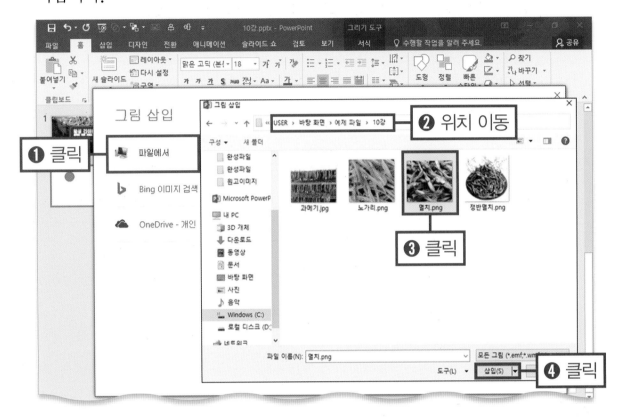

6 [그리기] 그룹에서 [도형 윤곽선]( )을 클릭한 후 [윤곽선 없음]을 선택합니다.

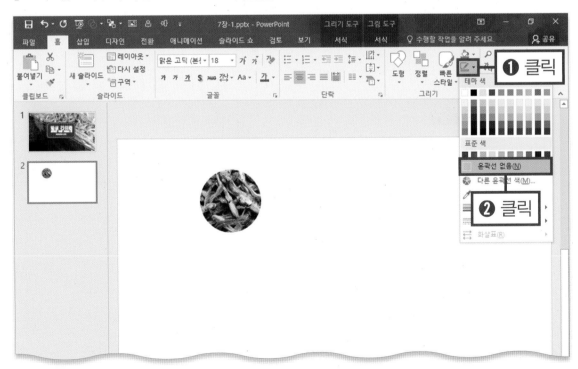

1 이미지가 삽입된 타원을 클릭하여 '01'을 입력한 후 외곽선을 클릭합니다. [홈] 탭-[글꼴] 그룹에서 [글꼴]은 [Arial], [글꼴 크기]는 [60]을 선택합니다.

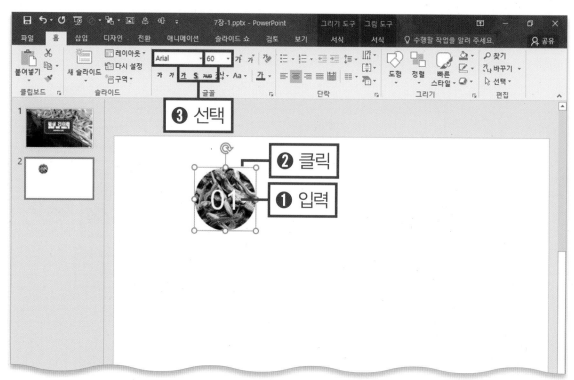

2 [그리기 도구]-[서식] 탭을 클릭합니다. [WordArt 스타일] 그룹에서 [빠른 스타일]을 클릭한 후 [채우기-흰색, 윤곽선-강조 1, 그림자]를 선택합니다.

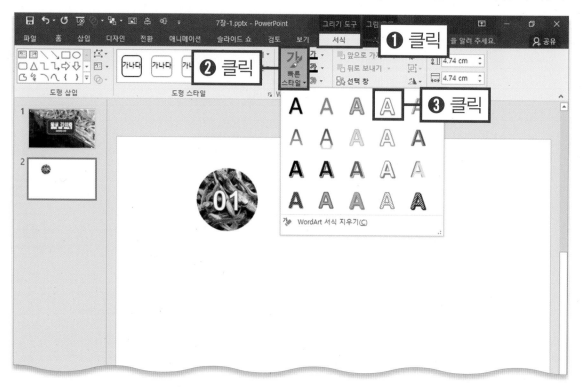

3 …… [홈] 탭을 클릭합니다. [그리기] 그룹에서 [도형]을 클릭한 다음 [선] 그룹에서
[선]을 선택합니다. 그림과 같이 드래그해 삽입합니다.

4 …… [도형 윤곽선](✎ ▾)을 클릭한 후 '테마 색'에서 [검정-텍스트 1], [두께]는
[2¼pt]를 각각 클릭하여 선택합니다.

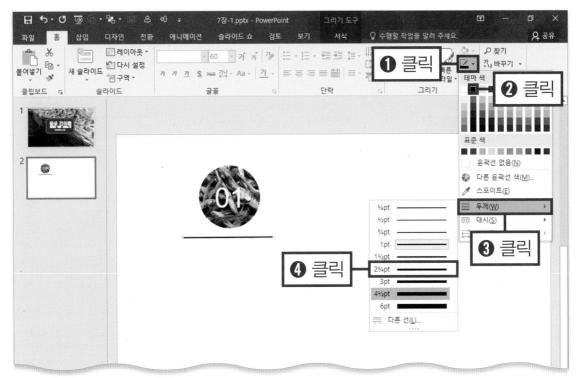

5 다시 한 번 [도형 윤곽선](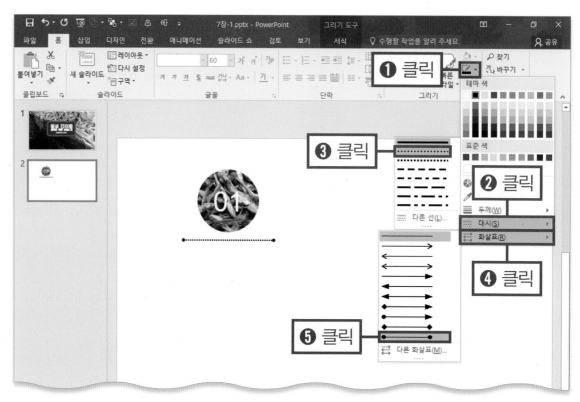)을 클릭한 후 [대시]는 [둥근 점선], [화살표]는 [화살표 스타일 11]을 각각 클릭하여 선택합니다.

6 [도형]을 클릭한 후 [최근에 사용한 도형] 그룹에서 [텍스트 상자]를 선택합니다.

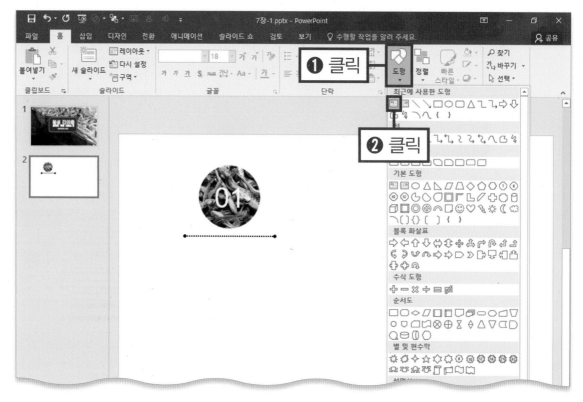

7 ······ '둥근 점선' 아래 부분을 클릭한 후 '일성 건어물 소개'를 입력합니다. [글꼴] 그룹에서 [글꼴]은 [HY헤드라인M], [글꼴 크기]는 [24]로 선택합니다.

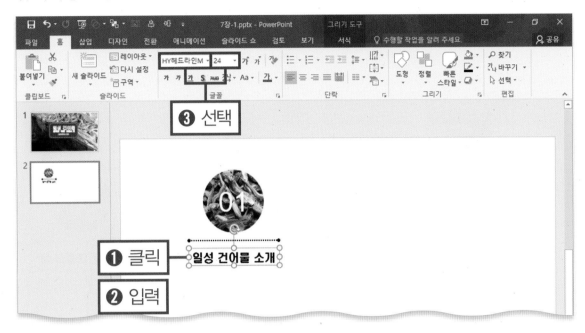

8 ······ [Shift]를 누른 채 3개의 개체를 각각 클릭하여 모두 선택합니다. [그리기] 그룹에서 [정렬]을 클릭한 후 '개체 위치'에서 [맞춤]-[가운데 맞춤]을 차례대로 클릭합니다.

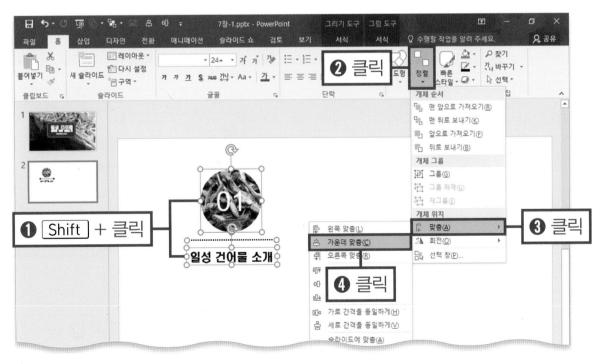

조금 더 배우기 · 단축키 [Ctrl]+[A]를 눌러 전체를 선택할 수도 있습니다.

9 Ctrl + G 를 눌러 그룹으로 지정합니다. 이후 Ctrl + Shift 를 누른 상태로 오른쪽으로 각각 드래그하여 2개를 복사합니다.

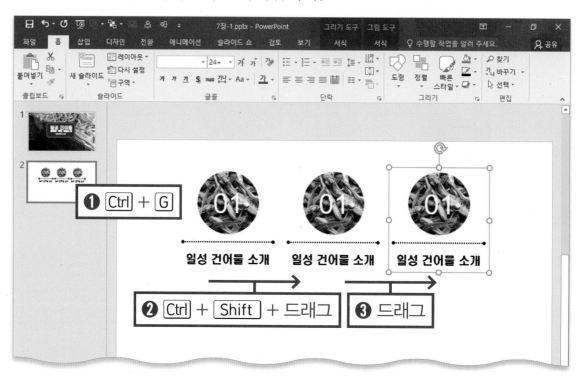

10 Ctrl 을 누른 상태로 도형을 각각 클릭하여 모두 선택합니다. [정렬]을 클릭한 후 '개체 위치'에서 [맞춤]-[가로 간격을 동일하게]를 차례대로 클릭합니다.

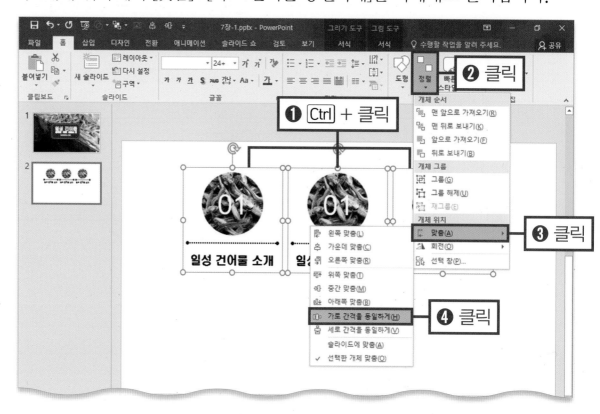

11┄┄┄┄┄ Ctrl + G 를 눌러 그룹화합니다. [정렬]을 클릭한 후 '개체 위치'에서 [맞춤]-[가운데 맞춤]을 차례대로 클릭합니다. Ctrl + Shift + G 를 눌러 그룹을 해제합니다.

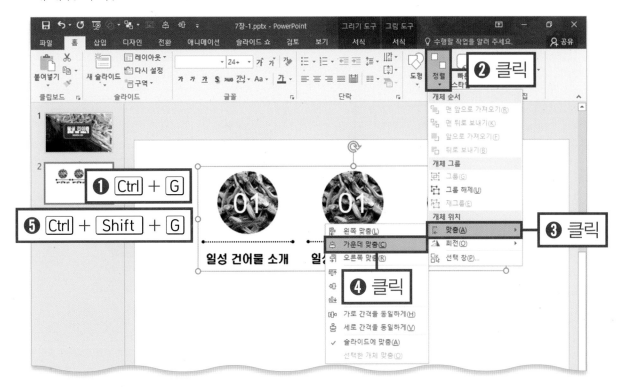

12┄┄┄┄┄ 두 번째 타원을 클릭합니다. [그리기] 그룹에서 [도형 채우기](🎨▾)를 클릭한 후 [그림]을 클릭합니다.

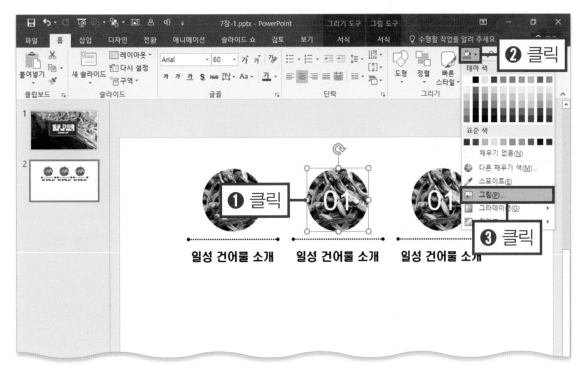

13 '그림 삽입' 대화 상자가 나타나면 [파일에서]를 클릭합니다. '그림 삽입' 대화 상자가 나타나면 [10강] 폴더에서 [노가리.png]를 선택하고 [삽입] 버튼을 클릭합니다.

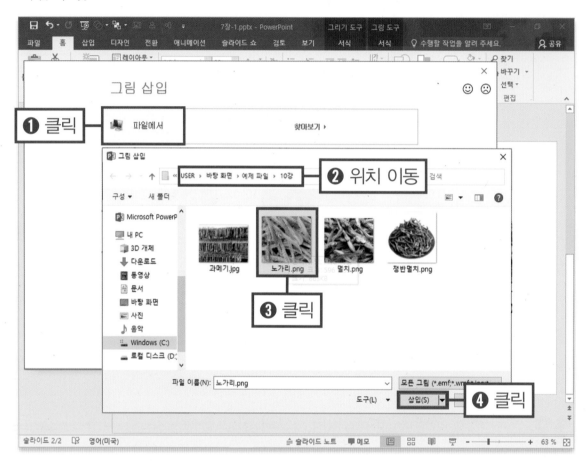

14 3번째 타원 이미지를 위와 같은 방법을 사용하여 [과메기.jpg]로 변경합니다. 그림과 같이 텍스트를 수정합니다.

: 프레젠테이션 파일 만들기 :

목차 슬라이드 만들기-
배경 꾸미기

POINT

앞서 만든 목차 슬라이드에 이미지와 도형을 삽입하여
배경을 꾸며 보도록 하겠습니다.

완성 화면
미리 보기

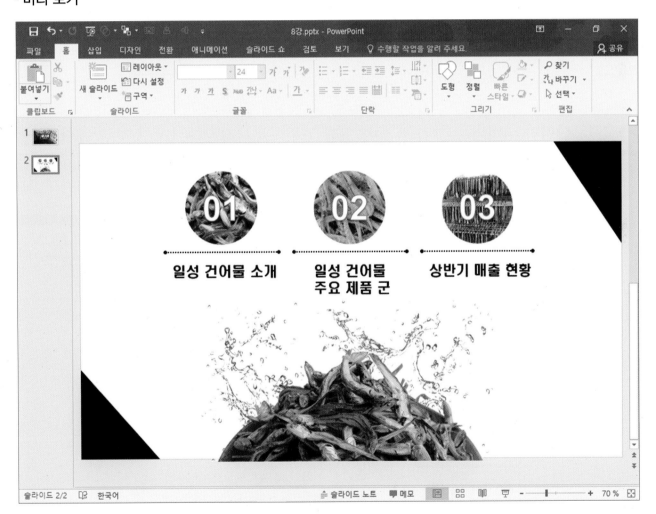

여기서
배워요! 이미지 삽입 및 잘라내기, 도형을 이용한 배경 꾸미기

이미지 삽입 및 편집

1 ..... [예제 파일]–[11강] 폴더에서 [11강.pptx] 파일을 불러옵니다. [삽입] 탭을 클릭한 후 [이미지] 그룹에서 [그림]을 클릭합니다. '그림 삽입' 대화 상자가 나타나면 [11강] 폴더에서 [쟁반멸치.png]를 선택한 다음 [삽입] 버튼을 클릭합니다.

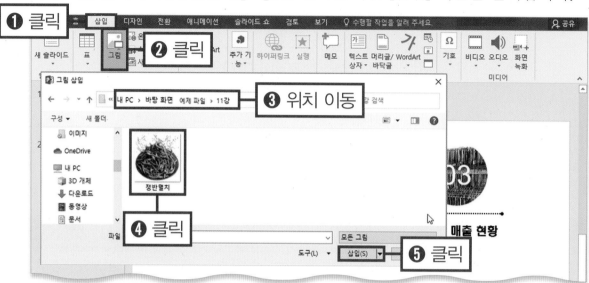

2 ..... 삽입한 이미지는 그림과 같이 드래그해 이동시킵니다. [그림 도구]–[서식] 탭의 [크기] 그룹에서 [자르기]를 클릭하면 자르기 조절점이 나타납니다. 조절점을 위로 드래그하여 이미지를 자른 다음 빈 여백을 클릭합니다.

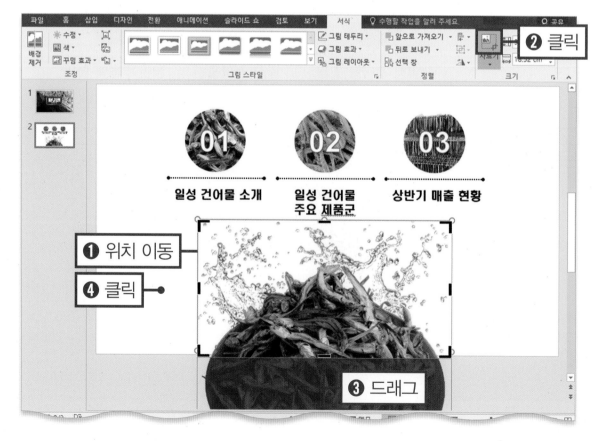

이미지 배경 투명하게 만들기

- **배경이 단색일 때** : [그림 도구]–[서식] 탭–[조정] 그룹에서 [배경 제거]를 선택하거나 [색]–[투명한 색 설정]을 사용
- **배경이 여러 색일 때** : 리무브(http://remove.bg) 사이트 이용

STEP 2 도형을 이용한 배경 꾸미기

1 [홈] 탭–[그리기] 그룹에서 [도형]을 클릭한 후 [기본 도형] 그룹에서 [직각 삼각형]을 선택합니다.

2 그림과 같이 하단에 드래그하여 도형을 삽입합니다. [도형 채우기](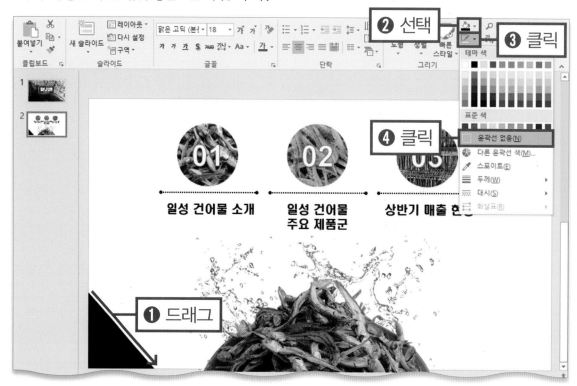)를 클릭한 후 '테마 색'은 [검정, 텍스트 1]을 선택합니다. [도형 윤곽선](□)을 클릭하여 [윤곽선 없음]을 선택합니다.

3 Ctrl을 누른 채 도형을 드래그하여 복사합니다. [그리기] 그룹에서 [정렬]을 클릭한 후 '개체 위치'에서 [회전]-[왼쪽으로 90도 회전]을 차례대로 클릭합니다.

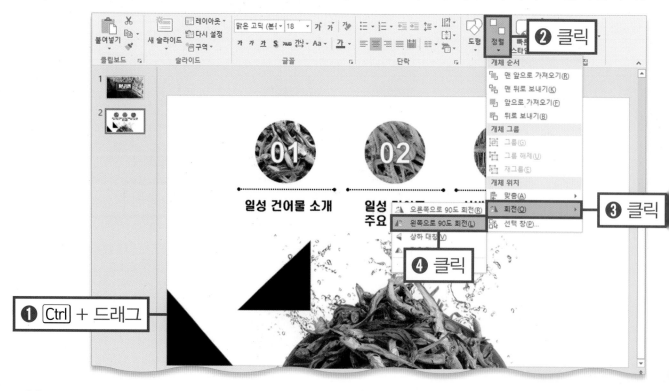

4 다시 한 번 [정렬]을 클릭한 후 '개체 위치'에서 [회전]–[상하 대칭]을 차례대로 클릭합니다. 이미지가 변경되면 드래그해 오른쪽 상단에 배치합니다.

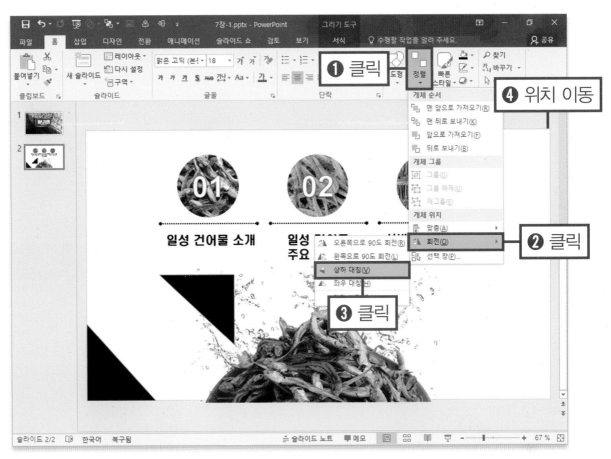

 [그리기 도구]–[서식] 탭의 [도형 삽입] 그룹에서 [도형 병합] 기능을 이용하면 메뉴에 따라 각기 다른 도형을 만들 수 있습니다.

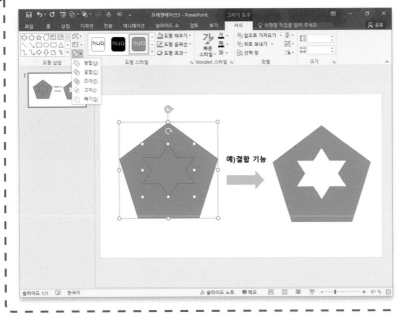

: 프레젠테이션 파일 만들기 :
간지 슬라이드 만들기

POINT

슬라이드의 분량이 많아지면 파트를 나눠서 소제목을 만들 수 있습니다. 이것을 간지 슬라이드라고 합니다. 이번 장은 첫 번째 파트의 간지 슬라이드를 만들어 봅니다.

완성 화면
미리 보기

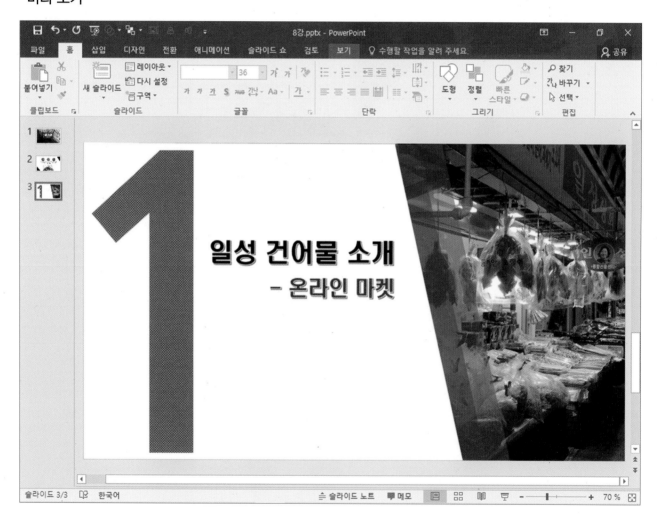

여기서
배워요! 점 편집과 투명도를 이용한 배경 만들기, 패턴 기능을 이용한 제목 만들기, 이미지 삽입하기

점 편집과 투명도를 이용한 배경 만들기

1 ······ [예제 파일]–[12강] 폴더에서 [12강.pptx] 파일을 불러옵니다. [홈] 탭–[슬라이드] 그룹에서 [새 슬라이드]를 클릭한 후 [빈 화면] 슬라이드를 선택합니다.

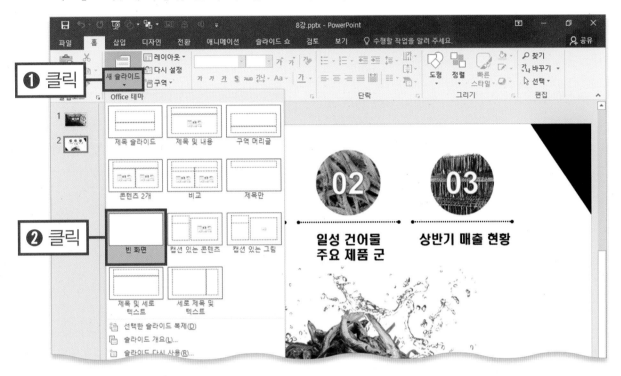

2 ······ [그리기] 그룹에서 [도형]을 클릭한 후 [기본 도형] 그룹에서 [사다리꼴]을 선택합니다.

3 .... 그림과 같이 드래그합니다. 사다리꼴 도형 위에서 마우스 오른쪽 버튼을 누른
후 [점 편집]을 클릭합니다.

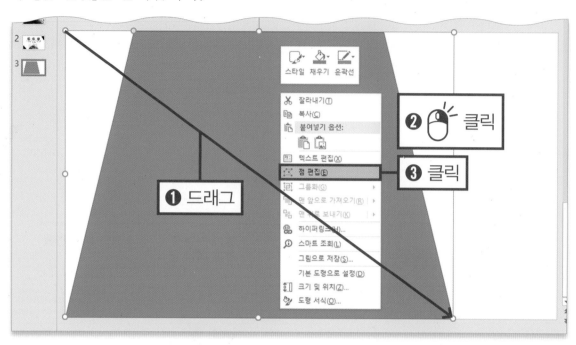

 도형의 크기가 원하는 대로 나타나지 않았을 경우 조절점을 드래그하여 크기를 조절하도록 합니다.

4 .... 조절점이 검은색 작은 점으로 변경됩니다. 왼쪽 상단 조절점에 마우스를 올려
포인터 모양이 (⊕)로 변경되면 그림과 같이 슬라이드 상단 왼쪽 모서리 꼭
짓점으로 드래그하여 맞춘 후 빈 화면을 클릭합니다.

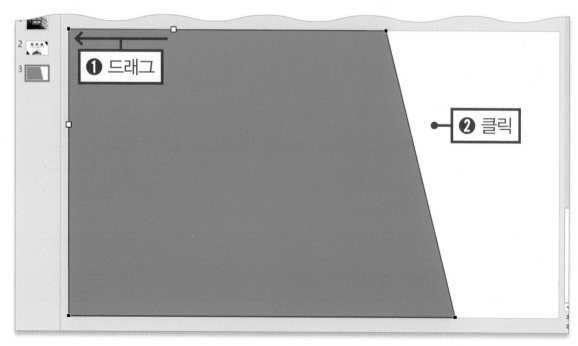

5 전체 화면으로 편하게 보기 위해 [보기] 탭을 클릭한 후 [확대/축소] 그룹에서 [확대/축소]를 클릭합니다. '확대/축소' 대화 상자가 나타나면 '배율'을 [50%]로 선택한 다음 [확인] 버튼을 클릭합니다.

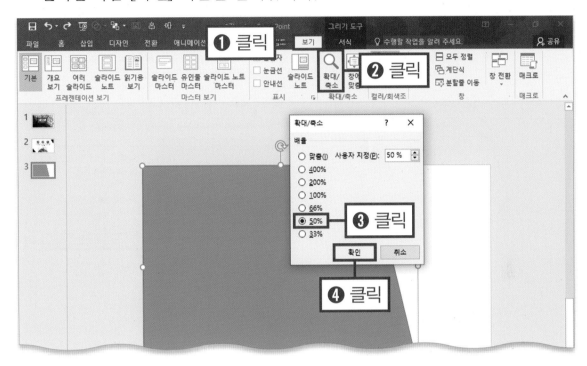

6 Ctrl + Shift 를 누른 상태로 왼쪽으로 각각 드래그하여 사다리꼴 도형 두 개를 그림과 같이 복사합니다.

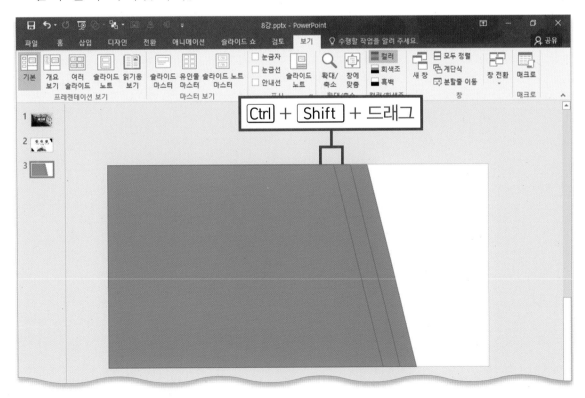

7 맨 아래에 있는 도형 위에서 마우스 오른쪽 버튼을 누른 후 [도형 서식]을 클릭합니다.

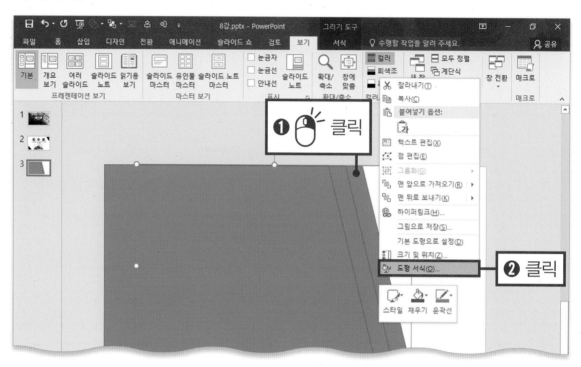

8 '도형 서식' 대화 상자가 나타나면 [도형 옵션]−[채우기 및 선] 탭의 [채우기] 그룹에서 [단색 채우기]를 클릭한 후 '색'을 [주황, 강조 2, 25% 더 어둡게]로 선택합니다. '투명도'의 오른쪽 입력란에 '50%'을 입력합니다.

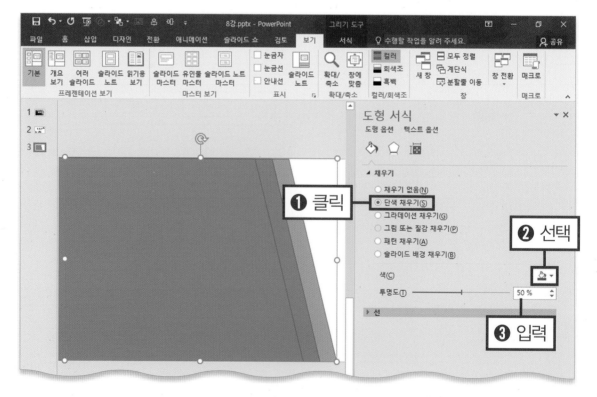

9 ...... 두 번째 도형을 클릭한 후 '색'을 [녹색, 강조 6, 50% 더 어둡게]로 선택합니다. '투명도'는 '50%'를 입력합니다.

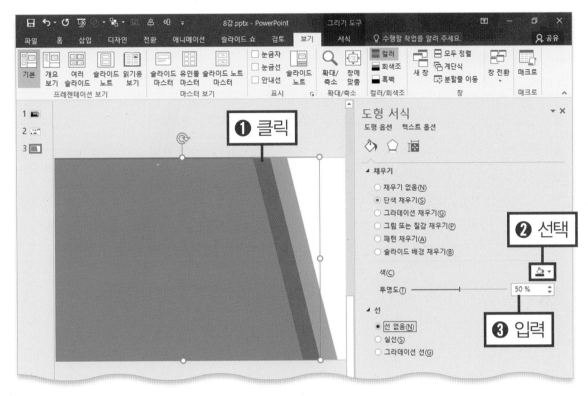

10 ......맨 위의 도형을 클릭한 후 '색'을 [흰색, 배경 1]로 선택하고 [닫기](×) 버튼을 클릭합니다.

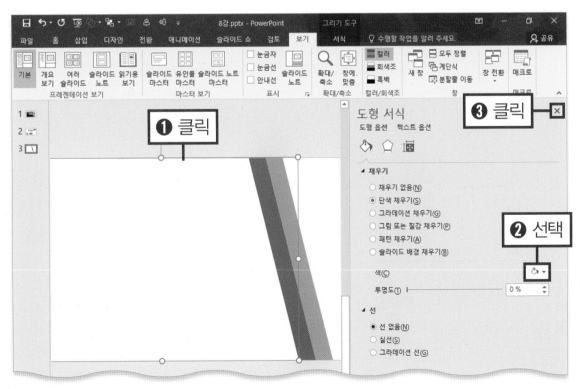

11 모양을 유지하면서 크기를 조절하기 위해 3개의 도형을 Ctrl을 누른 채 각각 클릭하여 모두 선택한 후 Ctrl+G를 눌러 그룹을 지정합니다. 왼쪽 가운데 조절점을 드래그하여 슬라이드 크기에 맞춥니다.

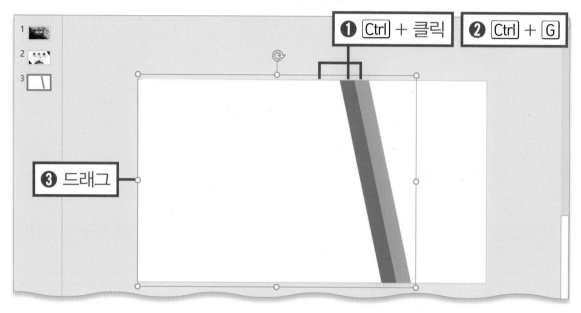

STEP 2 패턴 기능을 이용한 제목 만들기

1 [홈] 탭을 클릭합니다. [도형]-[텍스트 상자]를 차례대로 클릭한 후 슬라이드 외곽을 클릭하여 숫자 '1'을 입력합니다.

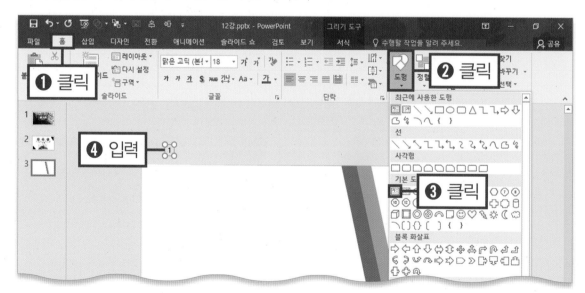

> **조금 더 배우기**
> 도형 위에 [텍스트 상자]를 클릭하면 커서가 도형 가운데 생겨서 원하는 위치에 글자를 배치할 수 없습니다.

2 ...... [글꼴]은 [KBIZ한마음고딕 B], [글꼴 크기]는 [680]으로 선택합니다. [그리기 도구]–[서식] 탭을 클릭한 후 [WordArt 스타일] 그룹에서 [텍스트 효과 서식: 텍스트 상자](▣) 버튼을 클릭합니다. '도형 서식' 대화 상자가 나타나면 [텍스트 옵션] 탭에서 [텍스트 채우기 및 윤곽선](A)을 클릭합니다.

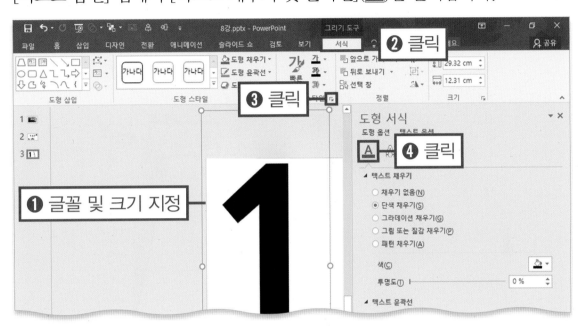

3 ...... [패턴 채우기]를 클릭한 후 '전경색'은 [주황, 강조 2, 25% 더 어둡게], '배경 색'은 [흰색, 배경 1]을 선택합니다. '패턴'은 [75%]를 클릭한 후 [닫기](×) 버튼을 클릭합니다.

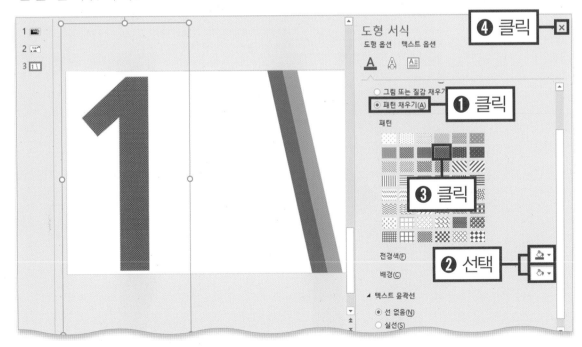

4 ..... [홈] 탭을 클릭합니다. [도형]–[텍스트 상자]를 차례대로 클릭한 후 슬라이드
외곽을 클릭하여 '일성 건어물 소개'를 입력합니다.

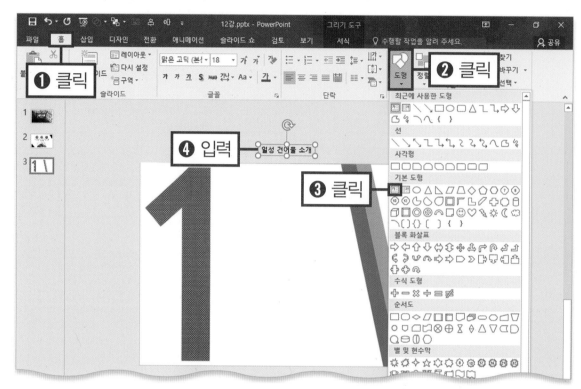

5 ..... [글꼴]은 [HY헤드라인M], [글꼴 크기]는 [44]로 선택한 후 드래그해 그림과
같이 배치합니다.

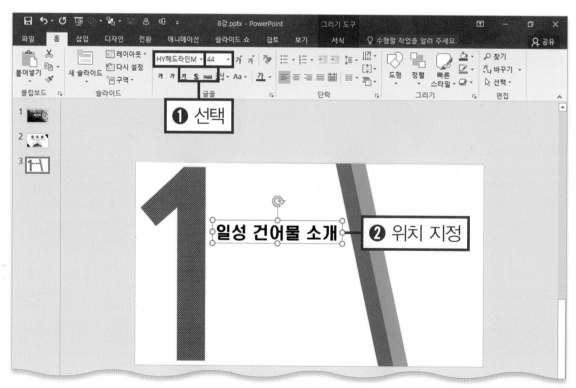

6 [그리기 도구]–[서식] 탭을 클릭합니다. [WordArt 스타일] 그룹에서 [빠른 스타일]을 클릭한 다음 [채우기–검정, 텍스트 1, 윤곽선–배경 1, 진한 그림자–배경 1]을 선택합니다.

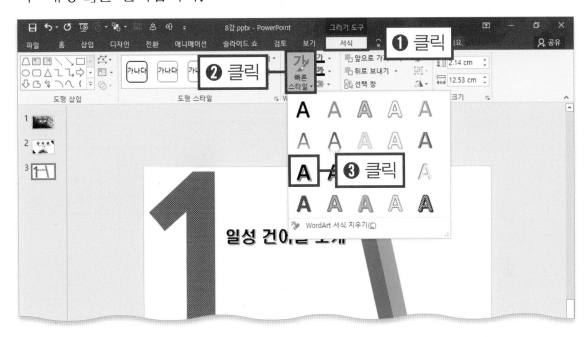

7 [텍스트 상자]를 이용하여 '– 온라인 마켓'을 입력합니다. [글꼴]은 [HY헤드라인M], [글꼴 크기]는 [36]을 선택합니다. [서식] 탭을 클릭한 후 [빠른 스타일]–[채우기–검정, 텍스트 1, 윤곽선–배경 1, 진한 그림자–배경 1]을 차례대로 클릭합니다. [텍스트 채우기](가 ▾)를 클릭한 후 [주황, 강조 2, 50% 더 어둡게]를 선택합니다. 그림과 같이 드래그해 배치합니다.

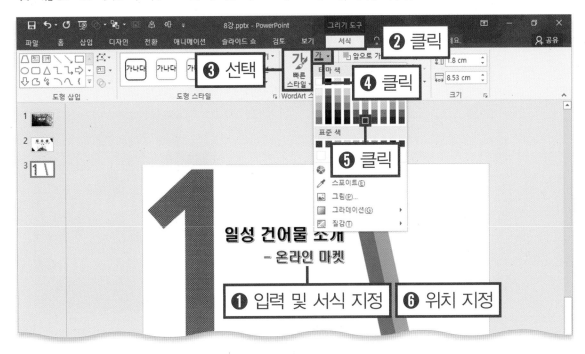

1 [삽입] 탭을 클릭한 후 [이미지] 그룹에서 [그림]을 클릭합니다. '그림 삽입' 대화 상자가 나타나면 [12강] 폴더에서 [일성가게.jpg]를 선택한 다음 [삽입] 버튼을 클릭합니다.

2 삽입된 이미지를 드래그해 오른쪽에 배치합니다. [그림 도구]-[서식] 탭의 [정렬] 그룹에서 [뒤로 보내기]의 [목록 단추](▼)를 클릭한 후 [맨 뒤로 보내기]를 클릭합니다.

혼자서도 만들 수 있어요!

1 텍스트 상자, 도형, 이미지를 이용하여 간지 슬라이드를 만들어 보세요.

- [홈] 탭–[그리기] 그룹–[도형]–[사다리꼴] 삽입 → 마우스 오른쪽 버튼 누른 후 [점편집] 클릭하여 그림과 같이 도형 조절 → 도형 2개 복사 후 원하는 색 각각 선택 → [투명도]는 [50%]
- **2** : [글꼴]은 [KBIZ한마음고딕 B], [글꼴 크기]는 [680] → [패턴 채우기]를 선택한 후 [전경색]은 [주황, 강조 2, 25% 더 어둡게], [배경색]은 [흰색, 배경 1], [패턴]은 [75%]
- **일성 건어물 주요 제품 군** : [글꼴]은 [HY헤드라인M], [글꼴 크기]는 [44] 선택 → [WordArt 스타일] 그룹–[빠른 스타일]을 클릭한 후 [채우기–검정, 텍스트 1, 윤곽선–배경 1, 진한 그림자–배경 1] 선택
- **이미지** : [삽입] 탭–[이미지] 그룹–[그림]을 클릭한 후 [12강] 폴더에서 [건어물.jpg] 삽입

2 슬라이드를 복제하여 숫자와 이미지를 변경해 보세요.

- [2] 슬라이드 복제 후 텍스트 수정
- **이미지** : [삽입] 탭–[이미지] 그룹–[그림]을 클릭한 후 [12강] 폴더에서 [매출.jpg] 삽입
  ※ 2와 3은 14강과 16강의 간지 슬라이드에 쓰이므로 각각 작성하거나 두 개를 동시에 작성한 후 슬라이드 순서에 맞게 삽입하여 사용하세요.

: 프레젠테이션 파일 만들기 :

연혁 슬라이드 만들기

POINT

회사나 사업체를 소개할 때 회사의 변화된 과정을 설명하는 것을 연혁이라고 합니다.
이번 장은 SmartArt 기능을 이용하여 연혁 슬라이드를 작성해 봅니다.

완성 화면
미리 보기

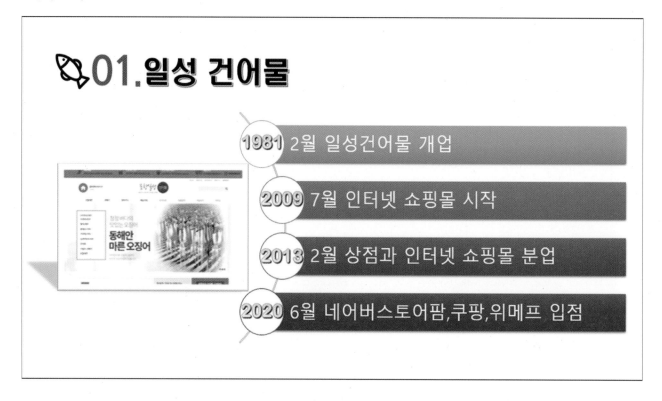

여기서
배워요! 제목 작성하기, SmartArt 기능을 이용한 연혁 작성하기, 꾸밈 이미지 삽입하기

1 ..... [예제 파일]–[13강] 폴더에서 [13강.pptx] 파일을 불러옵니다. [홈] 탭–[슬라이드] 그룹에서 [새 슬라이드]를 클릭한 후 [제목 및 내용] 슬라이드를 선택합니다.

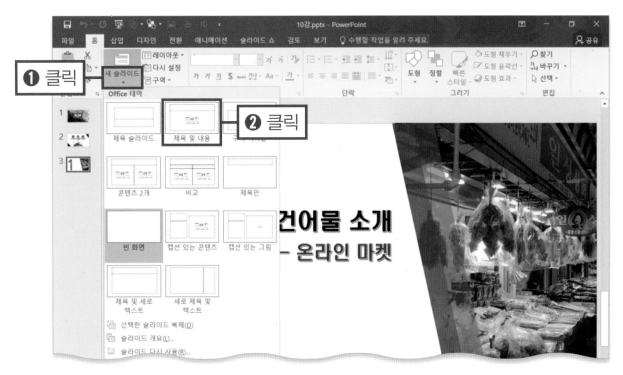

2 ..... [제목을 입력하십시오]를 클릭하여 '일성 건어물'을 입력한 후 [글꼴]은 [HY헤드라인M], [글꼴 크기]는 [44]를 선택합니다. [그리기 도구]–[서식] 탭을 클릭한 후 [빠른 스타일]–[채우기–검정, 텍스트 1, 윤곽선–배경 1, 진한 그림자–배경 1]을 차례대로 클릭합니다.

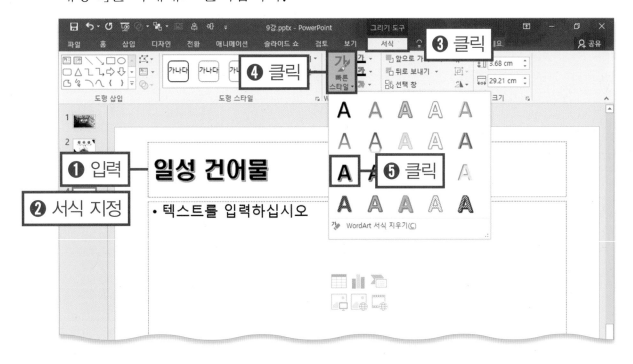

3 텍스트 상자의 틀을 드래그해 아래와 같이 위치를 조정합니다. [도형]-[텍스트 상자]를 차례대로 클릭한 후 '일성 건어물' 앞쪽을 클릭하여 '01.'을 입력합니다. [글꼴]은 [KBIZ한마음고딕 B], [글꼴 크기]는 [60]으로 선택합니다.

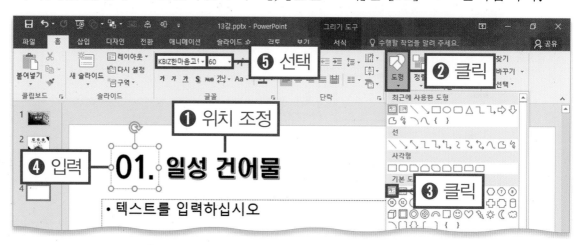

4 [그리기 도구]-[서식] 탭을 클릭한 후 [WordArt 스타일] 그룹의 [텍스트 효과 서식: 텍스트 상자](⬘)를 클릭합니다. [텍스트 옵션]-[텍스트 채우기 및 윤곽선] 메뉴에서 [텍스트 채우기]-[패턴 채우기]를 차례대로 클릭합니다. '전경색'은 [파랑, 강조 5, 25% 더 어둡게], '배경색'은 [주황, 강조 2, 25% 더 어둡게]를 각각 클릭하여 선택합니다. '패턴'은 [20%]로 선택한 후 [닫기](⊠) 버튼을 클릭합니다.

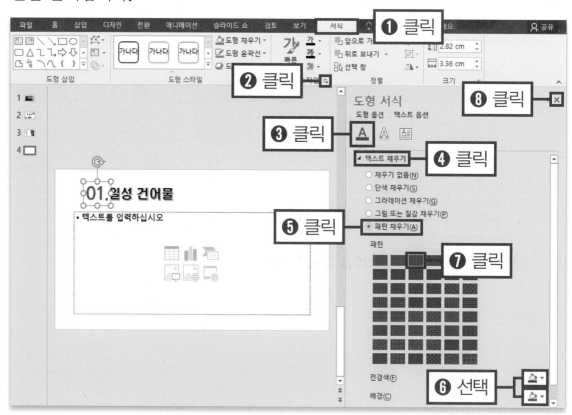

5 ..... 제목 및 내용 슬라이드는 꾸밈에 대한 이미지를 추가하게 되면 아래 텍스트 상자가 사라지므로 '01' 앞에 이미지를 추가하기 위해 [텍스트를 입력하십시오]를 클릭한 후 아무 문자나 입력합니다.

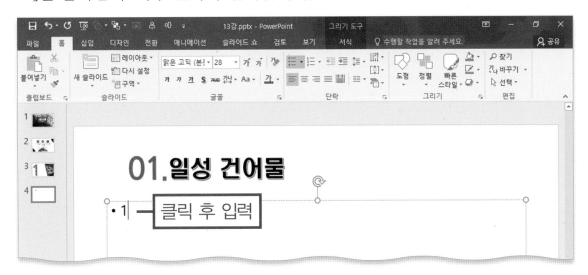

6 ..... [삽입] 탭을 클릭한 후 [이미지] 그룹에서 [그림]을 클릭합니다. '그림 삽입' 대화 상자가 나타나면 [13강] 폴더에서 [아이콘.png]를 선택하고 [삽입] 버튼을 클릭합니다. 이미지를 아래 위치에 배치합니다.

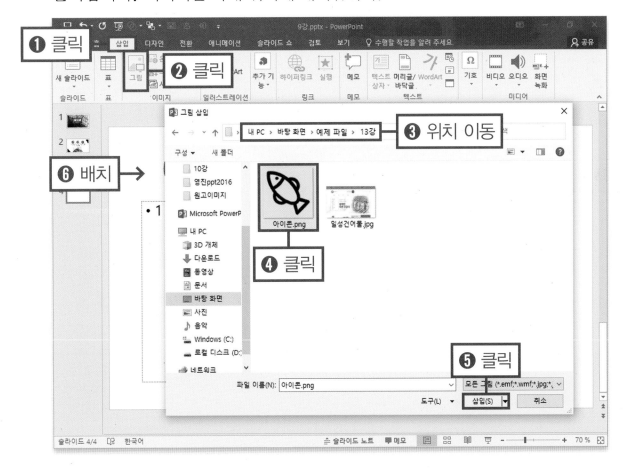

SmartArt 기능을 이용한 연혁 작성하기

1 ····· '1'을 삭제합니다. '텍스트를 입력하십시오' 박스 안에 있는 메뉴에서 [Smart Art 그래픽 삽입](🖼) 버튼을 클릭합니다.

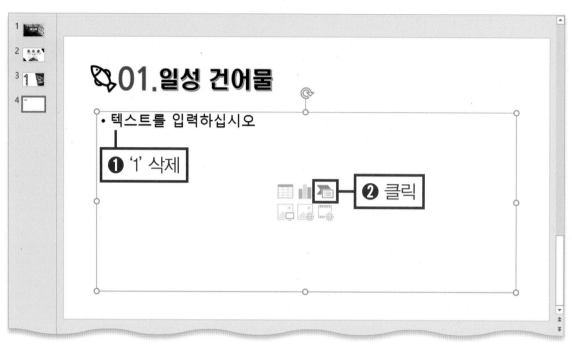

[삽입] 탭–[일러스트레이션] 그룹에서 [SmartArt]를 클릭해도 됩니다.

2 ····· 'SmartArt 그래픽 선택' 대화 상자가 나타나면 [목록형]–[세로 곡선 목록형] 을 차례대로 클릭한 후 [확인] 버튼을 클릭합니다.

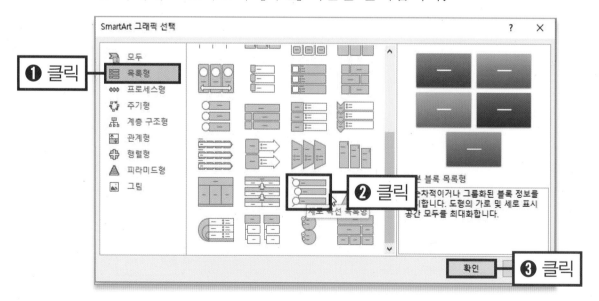

3 ...... 왼쪽에 '텍스트를 입력하십시오' 대화 상자가 나타나면 클릭하여 다음과 같이 입력합니다. 완료되면 [닫기](×) 버튼을 클릭합니다.

입력) 2월 일성건어물 개업

　　 7월 인터넷 쇼핑몰 시작

　　 2월 상점과 인터넷 쇼핑몰 분업

　　 6월 네어버스토어팜,쿠팡,위메프 입점

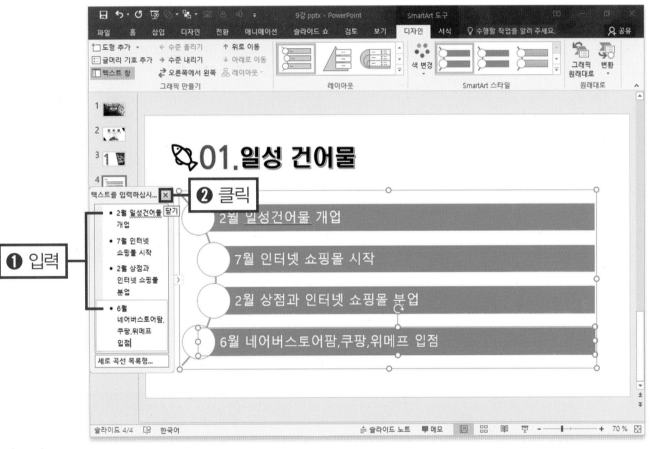

- Enter↵를 누르면 새로운 목록이 나타납니다.
- '텍스트를 입력하십시오' 대화 상자가 나타나지 않는다면 왼쪽 중앙에 있는 (ﾠ) 단추를 클릭합니다.

4 ····· 조절점을 이용하여 그림과 같이 드래그해 크기를 변경합니다. [SmartArt 도구]-[디자인] 탭을 클릭합니다. [SmartArt 스타일] 그룹에서 [색 변경]을 클릭한 후 [색상형] 그룹에서 [색상형 범위-강조색 3 또는 4]를 선택합니다.

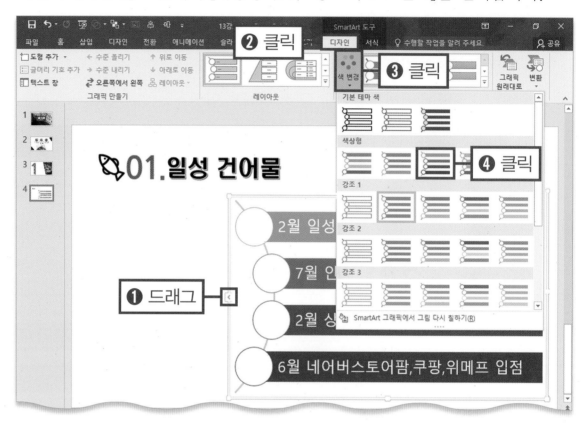

5 ····· [SmartArt 스타일] 그룹의 [자세히](▼) 버튼을 클릭한 후 [강한 효과]를 선택합니다.

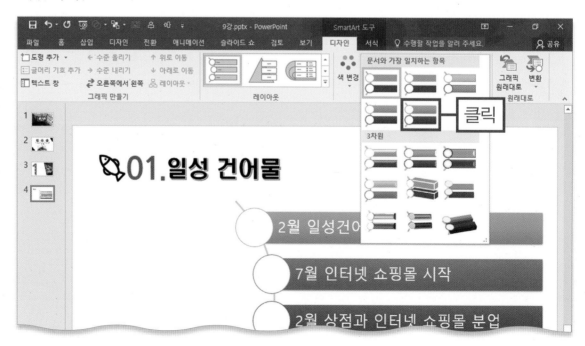

6 ...... [텍스트 상자]를 이용하여 원 모양 도형에 '1981'을 입력한 후 [글꼴]은 [Arial Rounded MT Bold], [글꼴 크기]는 [28]을 선택합니다. [그리기 도구]-[서식] 탭을 클릭한 후 [빠른 스타일]-[그라데이션 채우기, 황금색, 강조 4, 윤곽선-강조 4]를 차례대로 클릭합니다.

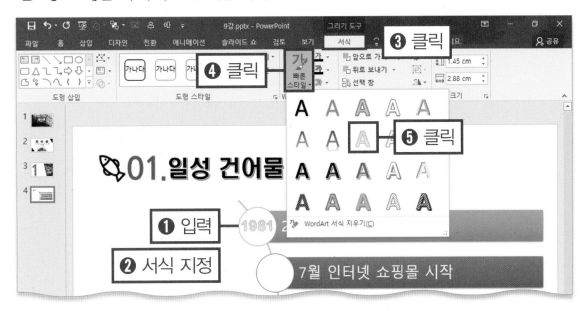

7 ...... [WordArt 스타일] 그룹에서 [텍스트 효과]( )-[그림자]를 차례대로 클릭한 후 [바깥쪽] 그룹에서 [오프셋 대각선 오른쪽 아래]를 선택합니다. 다시 한 번 [텍스트 효과]( )-[그림자]를 차례대로 클릭한 후 [그림자 옵션]을 클릭합니다.

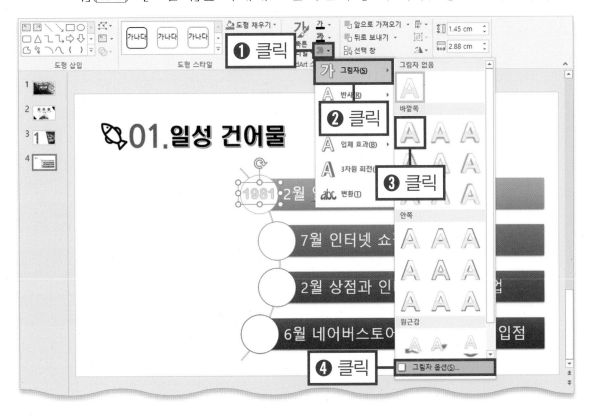

8 '도형 서식' 대화 상자가 나타나면 [그림자] 그룹에서 '투명도'에 '0%'를 입력한 후 [닫기](×) 버튼을 클릭합니다.

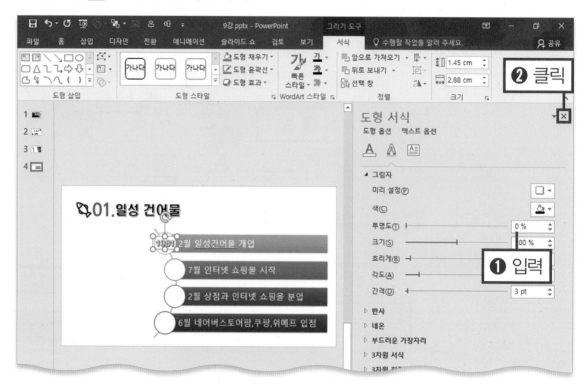

9 Ctrl을 누른 상태로 작성한 연도 텍스트 상자를 그림과 같이 각각 드래그하여 복사한 후 '2009, 2013, 2020'으로 수정합니다.

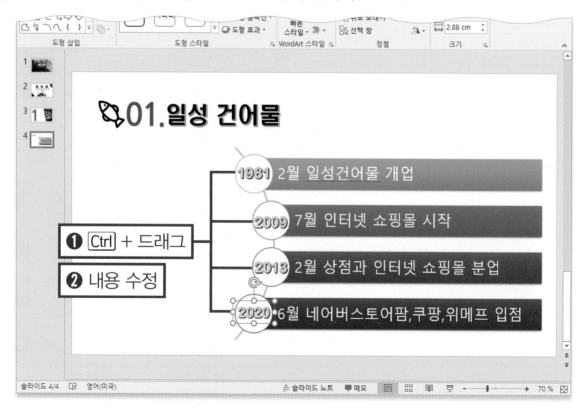

STEP 3 꾸밈 이미지 삽입하기

1 ⋯⋯ [삽입] 탭을 클릭한 후 [이미지] 그룹에서 [그림]을 클릭합니다. '그림 삽입' 대화 상자가 나타나면 [13강] 폴더에서 [일성건어물.jpg]를 선택하고 [삽입] 버튼을 클릭합니다.

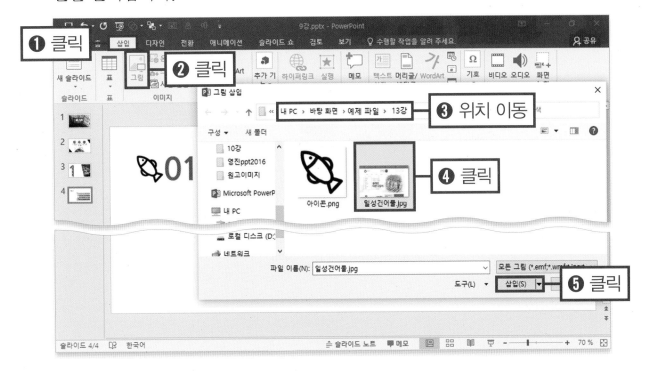

2 ⋯⋯ [그림 도구]−[서식] 탭의 [그림 스타일] 그룹에서 [자세히](▽) 버튼을 클릭한 다음 [원근감 있는 그림자, 흰색]을 선택합니다. 그림과 같이 위치 및 크기를 조정합니다.

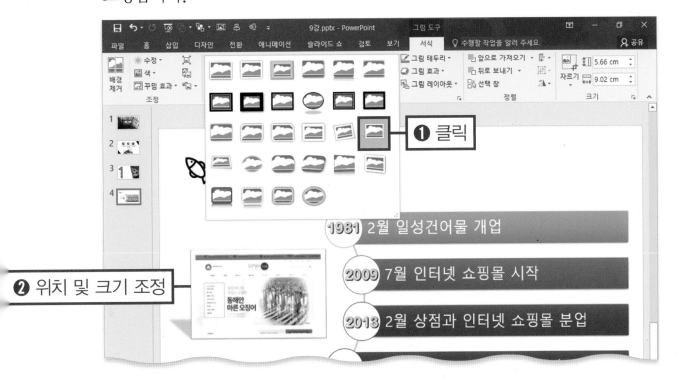

혼자서도 만들 수 있어요!

1 SmartArt 기능을 이용하여 아래의 도해를 작성해 보세요.

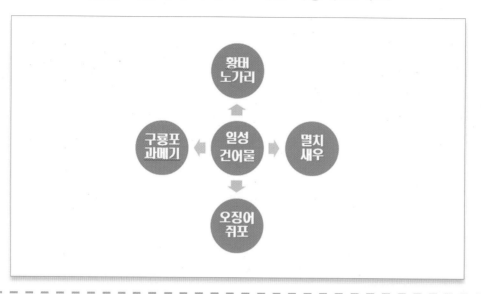

HINT
- [삽입] 탭–[일러스트레이션] 그룹–[SmartArt]–[주기형]에서 [분기 방사형] 적용
- **서식** : [글꼴]은 [HY헤드라인M], [글꼴 크기]는 [28]

2 작성한 도해에 서식을 지정해 보세요.

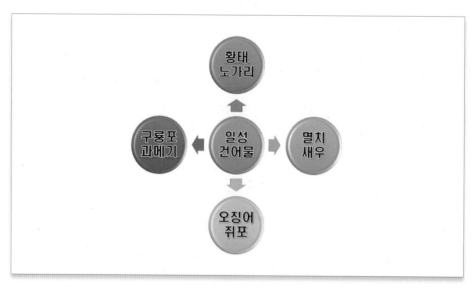

HINT
- [서식] 탭–[WordArt 스타일] 그룹–[빠른 스타일]은 [채우기–검정 텍스트 1, 윤곽선–배경 1, 진한 그림자–배경 1] 적용
- [디자인] 탭–[SmartArt 스타일] 그룹–[색 변경]에서 [색상형–강조색] → [자세히](▽) 버튼을 클릭한 후 [3차원] 그룹에서 [경사] 선택

CHAPTER 14

: 프레젠테이션 파일 만들기 :

제품 상세 슬라이드 만들기

POINT

이번 장은 도형을 사용하여 이미지를 만들고 제품 종류를 나열하여 제품 상세 슬라이드를 작성해 보도록 하겠습니다.

완성 화면
미리 보기

노가리채

꼬리아귀포 400g

국산쥐포 300g

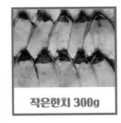

작은한치 300g

명태알포 400g

페스츄리오징어 200g

여기서
배워요!   제목 복사하기, 도형으로 이미지 만들기, 그림 바꾸기 기능으로 이미지 삽입하기

1 ····· [예제 파일]–[14강] 폴더에서 [14강.pptx] 파일을 불러옵니다. [홈] 탭–[슬라이드] 그룹에서 [새 슬라이드]를 클릭한 후 [제목만] 슬라이드를 선택합니다.

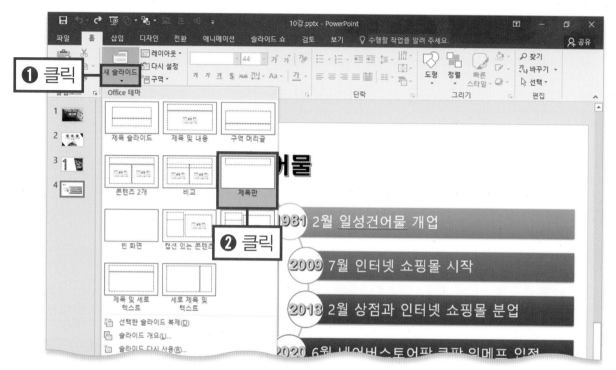

2 ····· 앞에 있는 슬라이드의 제목과 동일하게 적용하기 위해 [슬라이드 축소판 창]에서 [4] 슬라이드를 클릭합니다. 이후 '연혁 슬라이드'의 이미지와 제목을 Ctrl을 누른 채 각각 선택한 후 Ctrl+C를 눌러 복사합니다.

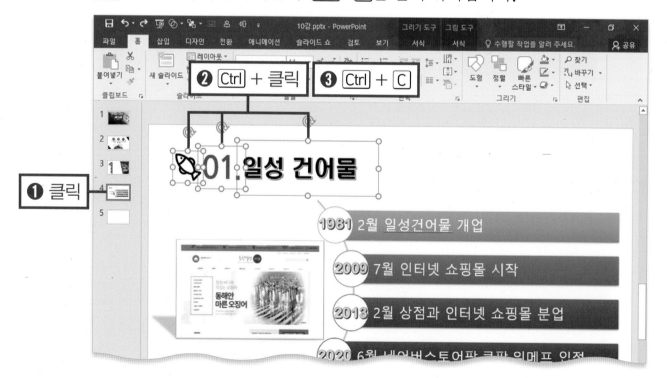

3 [5] 슬라이드를 클릭합니다. '제목을 입력하십시오'의 외곽선을 클릭한 후
Delete를 눌러 삭제합니다.

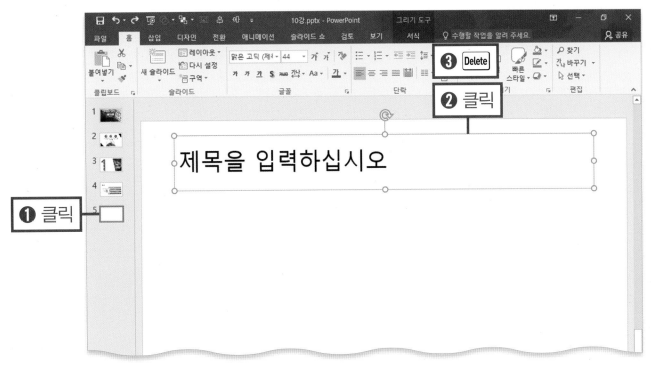

틀이 있는 상태에서 붙여 넣으면 제목이 틀과 겹쳐지므로 전체를 지웁니다.

4 Ctrl+V를 눌러 붙여 넣습니다.

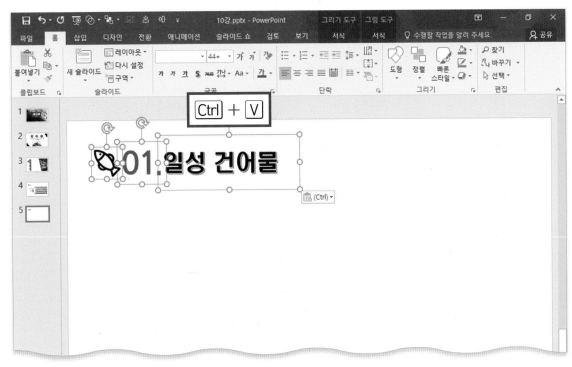

1 휴대폰 이미지를 만들기 위해 [홈] 탭-[그리기] 그룹에서 [도형]을 클릭한 후 [사각형] 그룹에서 [모서리가 둥근 직사각형]을 선택합니다.

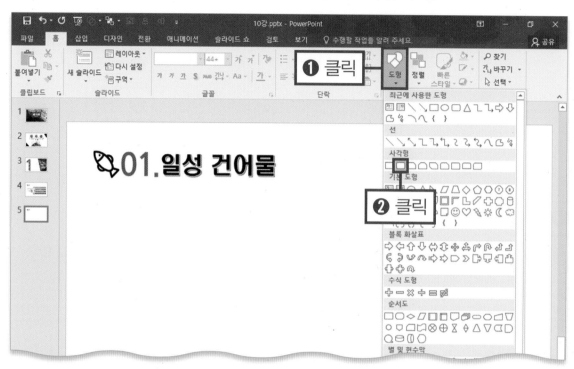

2 도형을 그림과 같이 드래그해 배치한 후 크기를 조절합니다.

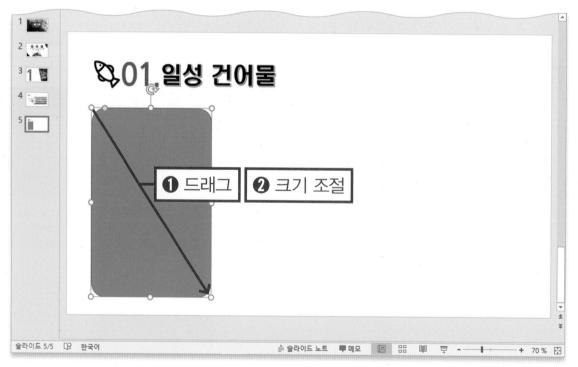

 [노란색 조절점](⬤)을 이용하면 곡률을 조절할 수 있습니다.

3 ······ 위와 동일한 방법으로 [직사각형], [타원]을 삽입하여 아래와 같은 모양을 만듭니다. [그리기] 그룹에서 [도형 서식](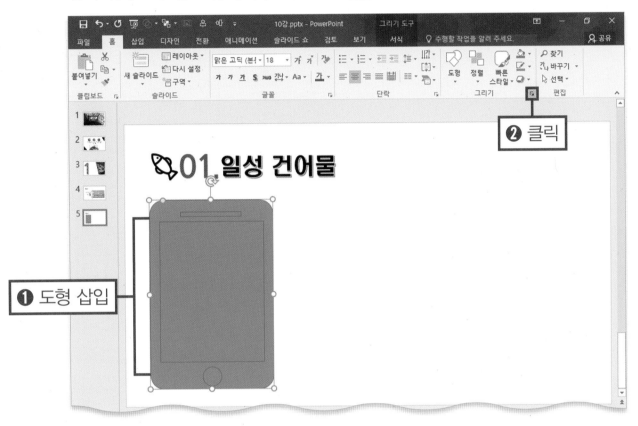) 버튼을 클릭합니다.

4 ······ '도형 서식' 대화 상자가 나타나면 맨 처음 그린 [모서리가 둥근 직사각형]을 선택합니다. [채우기 및 선] 메뉴의 [채우기] 그룹에서 '색'을 [흰색, 배경 1]로 선택합니다. [선]-[선 없음]을 차례대로 클릭합니다.

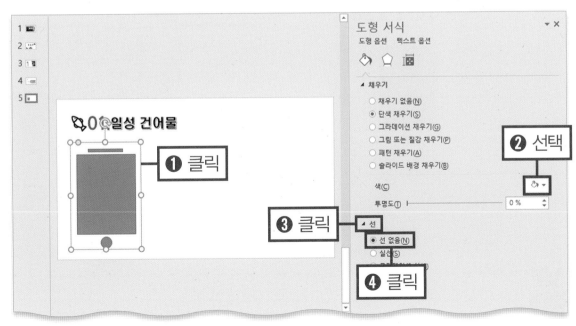

5 [효과] 메뉴를 클릭한 후 [그림자] 그룹에서 '미리 설정'의 [그림자](□▾)를 클릭하고 [오프셋 대각선 오른쪽 아래]를 선택합니다.

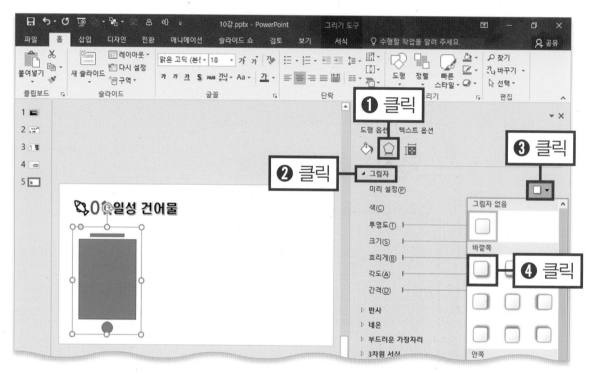

6 [3차원 서식]을 클릭한 후 '위쪽 입체'를 [둥글게]로 선택합니다.

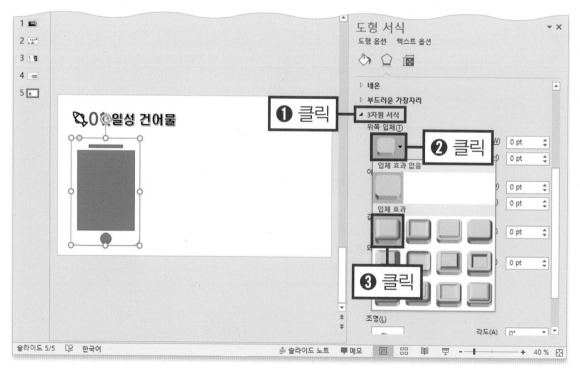

 만들 이미지의 모양에 따라 여러 가지 효과를 적용해 봅니다.

7 …… 가운데 큰 사각형을 클릭한 후 [채우기 및 선] 메뉴를 선택합니다. [채우기] 그룹에서 '색'은 [검정, 텍스트 1, 25% 더 밝게], [선]은 [선 없음]을 각각 클릭하여 선택합니다.

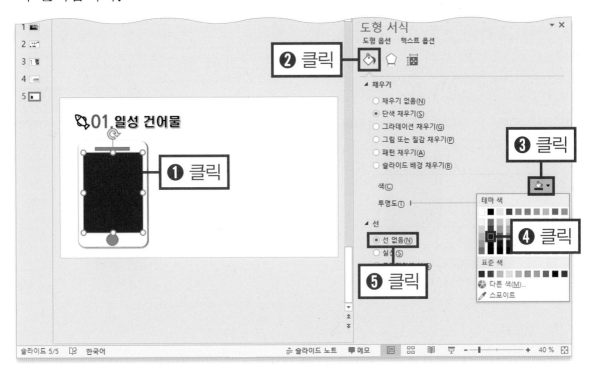

8 …… 위쪽 긴 사각형을 클릭한 후 [패턴 채우기]를 선택합니다. '전경색'은 [검정, 텍스트 1, 35% 더 밝게], '배경'은 [검정, 텍스트 1, 50% 더 밝게], '패턴'은 [60%], [선]은 [선 없음]을 각각 클릭하여 선택합니다.

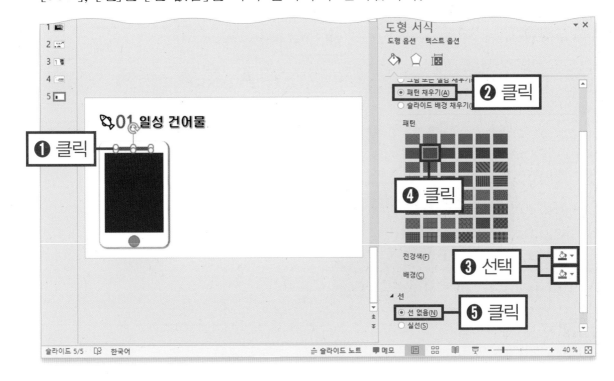

9 아래쪽 타원을 클릭한 후 [채우기] 그룹에서 '색'은 [흰색, 배경 1], [선]은 [선 없음]을 선택합니다. 이후 [효과] 메뉴를 클릭하고 [그림자] 그룹에서 '미리 설정'을 [안쪽 가운데]로 선택합니다. [닫기](✖) 버튼을 클릭합니다.

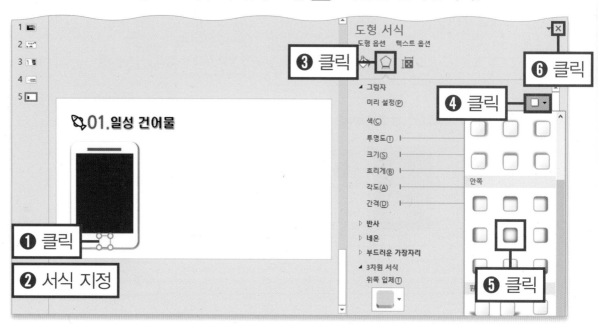

10 [텍스트 상자]를 이용하여 '주요 제품 군'을 입력한 후 [글꼴]은 [HY헤드라인 M], [글꼴 크기]는 [28]로 지정합니다. [그리기 도구]-[서식] 탭을 클릭한 후 [빠른 스타일]-[채우기-회색-25%, 배경 2, 안쪽 그림자]를 차례대로 클릭하고 그림과 같이 배치합니다.

 조금 더 배우기 삽입하려는 글은 도형 안쪽이 아닌 바깥쪽에서 먼저 작성한 후 도형 안으로 배치하도록 합니다.

11 [삽입] 탭을 클릭한 후 [이미지] 그룹에서 [그림]을 클릭합니다. '그림 삽입' 대화 상자가 나타나면 [14강] 폴더에서 [상점아이콘.png]를 선택한 다음 [삽입] 버튼을 클릭한 후 핸드폰 이미지 위에 배치합니다.

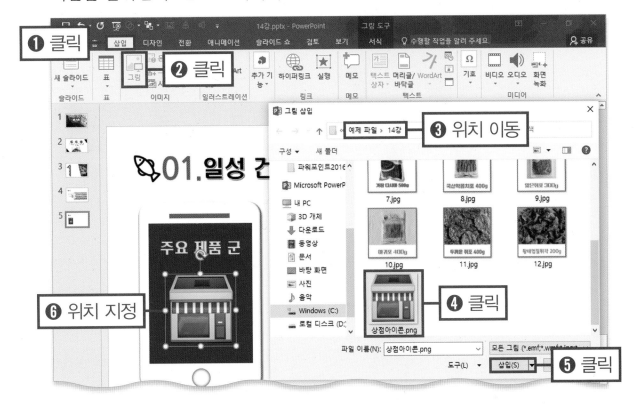

STEP 3   그림 바꾸기 기능으로 이미지 삽입하기

1 동일한 방법으로 [14강] 폴더에서 [1.jpg] 이미지를 삽입합니다. 조절점을 이용하여 그림과 같이 크기를 조절한 다음 배치합니다.

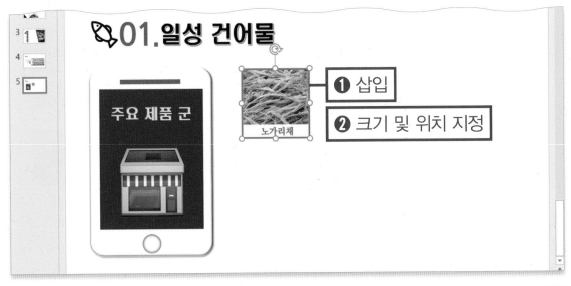

2 Ctrl + Shift 를 누른 상태로 드래그하여 보기와 같이 복사 및 배치합니다.

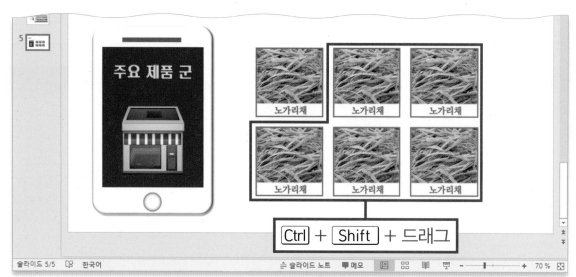

메뉴를 사용하여 배치해도 되지만, 파워포인트 2016은 개체를 드래그할 때 '레이아웃' 선이 생깁니다.
그 선을 기준으로 맞추면 됩니다.

3 이미지를 변경하기 위해 두 번째 이미지를 선택한 후 [그림 도구]–[서식] 탭의
[조정] 그룹에서 [그림 바꾸기](🖼)를 클릭합니다.

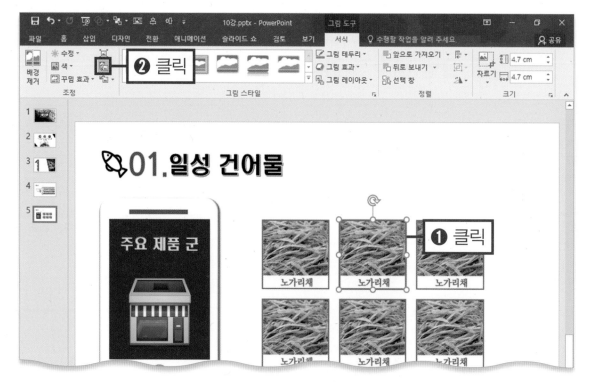

마우스 오른쪽 버튼을 눌러 나타나는 단축 메뉴에서 [그림 바꾸기]를 선택해도 됩니다.

4 ····· '그림 삽입' 대화 상자가 나타나면 [파일에서]를 클릭합니다. '그림 삽입' 대화 상자가 나타나면 [14강] 폴더에서 [2.jpg]를 선택한 다음 [삽입] 버튼을 클릭합니다.

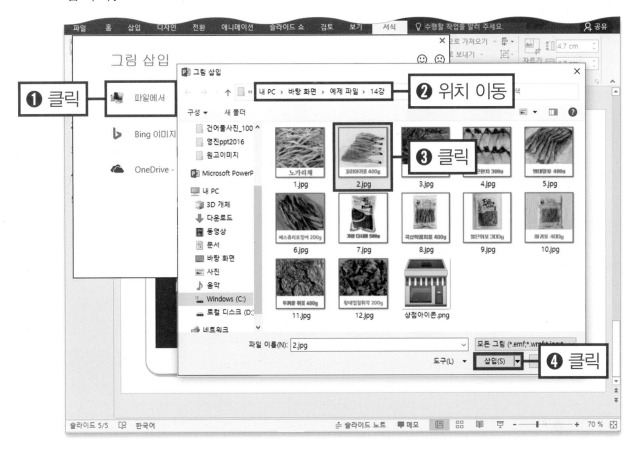

5 ····· 위와 같은 방법으로 '3~6.jpg'를 사용하여 그림을 변경합니다.

혼자서도 만들 수 있어요!

1 14강에서 작성한 슬라이드를 복사하여 삽입한 후 아래와 같이 내용을 변경해 보세요.

 [슬라이드 축소판 창]에서 [5] 슬라이드를 선택한 후 [Ctrl]+[D] → 내용 변경

2 아래와 같이 제품 사진을 추가해 보세요.

• [삽입] 탭-[이미지] 그룹-[그림]을 클릭한 후 [14강] 폴더에서 [7.jpg] 삽입 후 6개 복사
• [그림 도구]-[서식] 탭-[조정] 그룹-[그림 바꾸기] 클릭 후 '8~12.jpg'로 각각 변경

CHAPTER 15

: 프레젠테이션 파일 만들기 :
동영상 삽입하기

POINT

PPT를 만들 때 이미지로 부족한 부분은 동영상으로 만들어 삽입할 수 있습니다.
이번 장은 제품 상세 슬라이드에 미리 만들어 놓은 동영상을 삽입해 봅니다.

완성 화면
미리 보기

여기서
배워요! 슬라이드 복제하고 수정하기, 동영상 삽입 및 실행하기

1 [예제 파일]−[15강] 폴더에서 [15강.pptx] 파일을 불러옵니다. [슬라이드 축소판 창]에서 [7] 슬라이드를 선택한 후 Ctrl+D를 눌러 복사합니다. 오른쪽 6개의 이미지를 Ctrl을 누른 상태로 각각 클릭하여 모두 선택한 후 Delete를 누릅니다.

2 '02'를 '03'으로, '기타 제품 군'을 '계절 제품 과메기'로 변경합니다.

동영상 삽입 및 실행하기

1 ..... 동영상 틀을 삽입하기 위해 [삽입] 탭을 클릭한 후 [이미지] 그룹에서 [그림]을 클릭합니다. '그림 삽입' 대화 상자가 나타나면 [15강] 폴더에서 [TV.png]를 선택한 다음 [삽입] 버튼을 클릭합니다.

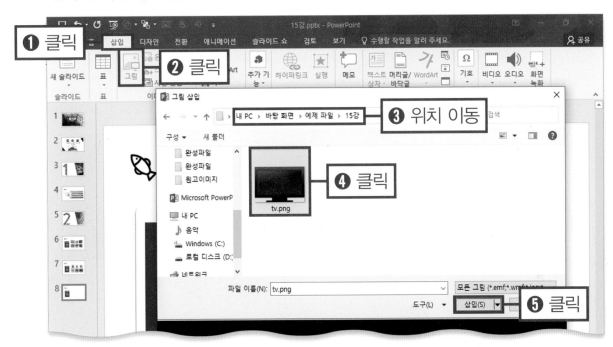

2 ..... 그림과 같이 크기와 위치를 조절합니다. [삽입] 탭을 클릭한 후 [미디어] 그룹에서 [비디오]–[내 PC의 비디오]를 차례대로 클릭합니다.

3 ····· '비디오 삽입' 대화 상자가 나타나면 [15강] 폴더에서 [과메기영상.wmv]를 선택한 다음 [삽입] 버튼을 클릭합니다.

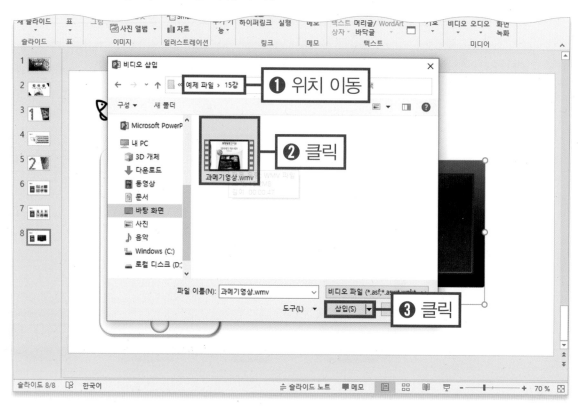

4 ····· 영상 화면이 삽입되면 모니터 이미지의 크기에 맞게 조절합니다.

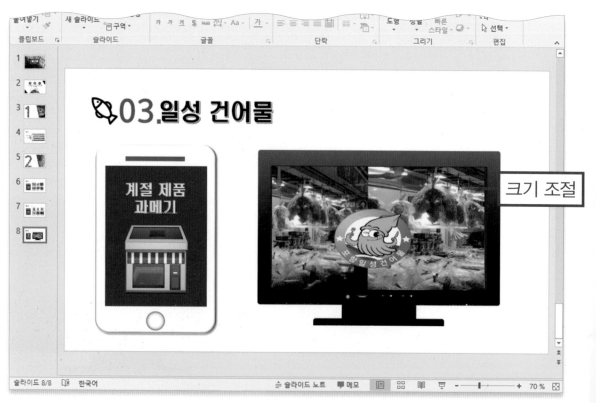

5 동영상을 클릭할 때 실행하기 위해 [비디오 도구]–[재생] 탭을 클릭합니다. [비디오 옵션] 그룹에서 '시작'을 [클릭할 때]로 선택합니다. 동영상을 실행할 때 전체 화면으로 재생시키기 위해 [비디오 옵션] 그룹에서 [전체 화면 재생]을 클릭하여 체크합니다.

 조금 더 배우기
- [자동 실행]을 선택하면 슬라이드 쇼가 실행됨과 동시에 동영상이 실행됩니다.
- 동영상 실행은 슬라이드 쇼에서도 실행되지만 편집 상태에서도 재생 버튼을 클릭하면 실행됩니다.

6 슬라이드 쇼에서 동영상 실행을 확인하기 위해 [슬라이드 쇼] 탭을 클릭한 후 [슬라이드 쇼 시작] 그룹에서 [현재 슬라이드부터]를 클릭합니다.

: 프레젠테이션 파일 만들기 :
표 및 차트 슬라이드 만들기

많은 수치를 나타낼 때는 표를 이용하면 편리하고
수치의 비교나 추이를 나타낼 때는 차트를 사용하면 설득력을 높일 수 있습니다.
이번 장은 표와 차트를 이용하여 상반기 매출 현황 슬라이드를 만들어 봅니다.

완성 화면
미리 보기

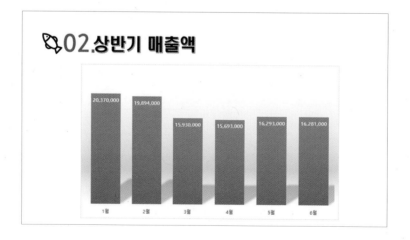

🐟01.상반기 매출 실적 – 주요 제품 군

상품명	1월	2월	3월	4월	5월	6월
발 과메기 채소 세트	180	185	0	0	0	0
손질 발 과메기	25	40	0	0	0	0
명태 알포	50	56	55	60	62	78
기장 돌미역	20	23	50	62	55	55
기장 다시마	30	30	60	55	62	69
반 건조 조미 두절 노가리	50	45	70	80	72	72
국내 가공 무 조미 노가리채	60	62	60	50	64	62
국물 멸치-중멸(상,중)	75	72	110	107	114	113
볶음 멸치-자멸(특)	30	42	43	33	48	42
잔멸치-세멸(특)	50	20	52	51	51	51
국산 참 진미채	60	30	60	50	63	58

🐟02.상반기 매출액

여기서
배워요!   표 삽입 및 편집하기, 차트 삽입 및 편집하기

1 ..... [예제 파일]–[16강] 폴더에서 [16강.pptx] 파일을 불러옵니다. [삽입] 탭을 클릭한 후 [표] 그룹에서 [표]–[표 삽입]을 차례대로 클릭합니다. '표 삽입' 대화 상자에서 '열 개수'는 '7', '행 개수'는 '12'를 입력한 후 [확인] 버튼을 클릭합니다.

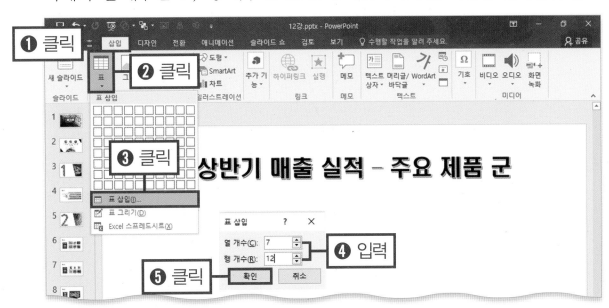

2 ..... 위치를 아래와 같이 조절합니다. 상품명을 그림과 같이 입력한 후 열과 열 사이의 경계선 오른쪽으로 드래그하여 크기를 조절합니다. 빈 셀의 열 너비를 같게 조절하기 위해 빈 셀을 드래그하여 선택합니다. [표 도구]–[레이아웃] 탭을 클릭하고 [셀 크기] 그룹에서 [열 너비를 같게](⊞)를 클릭합니다.

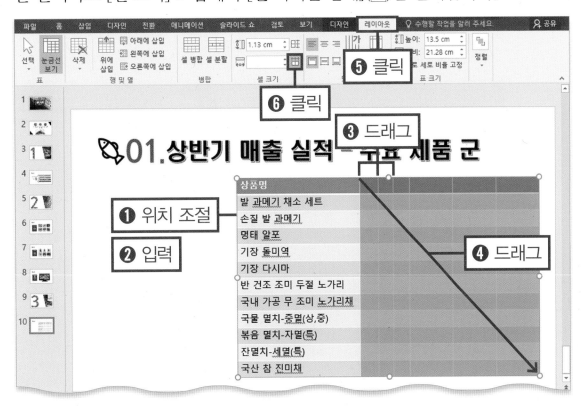

3 그림과 같이 숫자를 입력한 후 표 전체를 드래그합니다. [레이아웃] 탭의 [맞춤] 그룹에서 [가운데 맞춤](≡)을 클릭합니다.

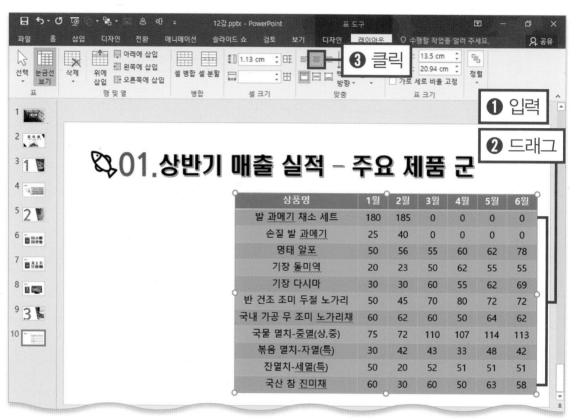

4 표의 스타일을 변경하기 위해 [표 도구]-[디자인] 탭을 클릭합니다. [표 스타일] 그룹에서 [자세히 버튼](▽)을 클릭한 후 [보통] 그룹에서 [보통 스타일 1-강조 2]를 선택합니다.

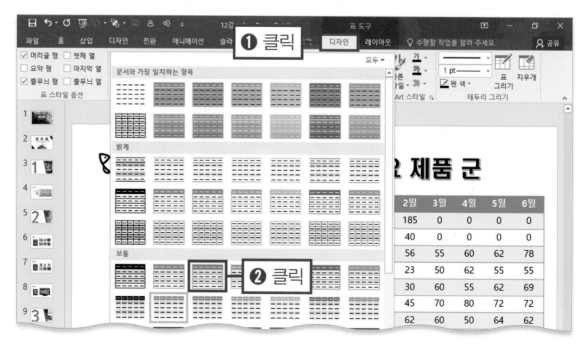

5 ····· 표의 크기를 조절점을 이용하여 그림과 같이 조절합니다.

크기 및 위치 조절

상품명	1월	2월	3월	4월	5월	6월
발 과메기 채소 세트	180	185	0	0	0	0
손질 발 과메기	25	40	0	0	0	0
명태 알포	50	56	55	60	62	78
기장 돌미역	20	23	50	62	55	55
기장 다시마	30	30	60	55	62	69
반 건조 조미 두절 노가리	50	45	70	80	72	72
국내 가공 무 조미 노가리채	60	62	60	50	64	62
국물 멸치-중멸(상,중)	75	72	110	107	114	113
볶음 멸치-자멸(특)	30	42	43	33	48	42
잔멸치-세멸(특)	50	20	52	51	51	51
국산 참 진미채	60	30	60	50	63	58

슬라이드 10/10   한국어   슬라이드 노트   메모   70 %

STEP 2 차트 삽입 및 편집하기

1 ····· [슬라이드 축소판 창]에서 [10] 슬라이드를 선택한 후 Ctrl + D를 눌러 슬라이드를 복제합니다. 그림과 같이 표를 삭제한 후 제목을 '02 상반기 매출액'으로 변경합니다.

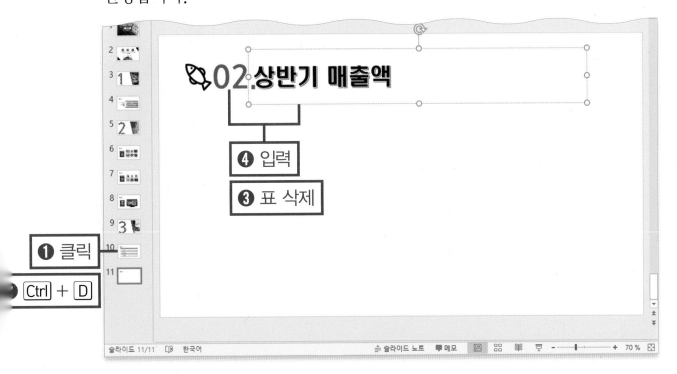

❶ 클릭

Ctrl + D

🐟02.상반기 매출액

❹ 입력

❸ 표 삭제

슬라이드 11/11   한국어   슬라이드 노트   메모   70 %

2 ...... 차트를 삽입하기 위해 [삽입] 탭을 클릭합니다. [일러스트레이션] 그룹에서 [차트]를 클릭한 후 '차트 삽입' 대화 상자가 나타나면 [새로 막대형]에서 [묶은 세로 막대형]을 선택한 다음 [확인] 버튼을 클릭합니다.

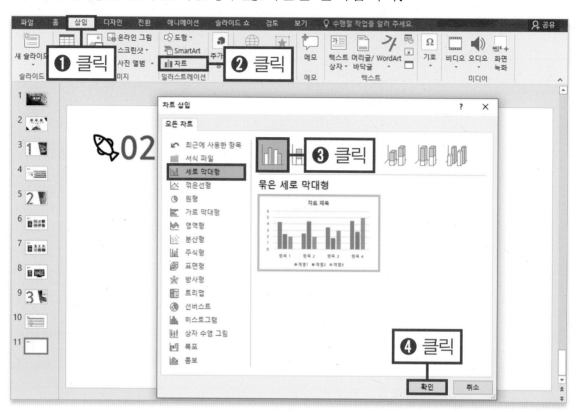

3 ...... 'Microsoft PowerPoint의 차트' 워크시트 창이 나타나면 오른쪽 아래의 [조절 점](⊞)을 왼쪽으로 드래그해 [B7] 셀까지 표시한 후 그림과 같이 데이터를 입력합니다. 이후 열1과 열2의 데이터는 삭제하고 [닫기](✕) 버튼을 클릭합니다.

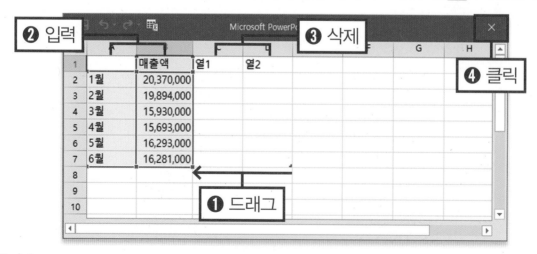

 차트 데이터로 인식하는 공간은 파란색 틀 안의 내용이므로 사실상 밖의 데이터는 지우지 않아도 됩니다.

4 ..... 차트에 서식을 지정하기 위해 [차트 도구]-[디자인] 탭의 [차트 스타일] 그룹에서 [색 변경]을 클릭합니다. [색상형] 그룹에서 [색 3]을 선택합니다. 이후 [차트 스타일] 그룹에서 [스타일 4]를 클릭합니다.

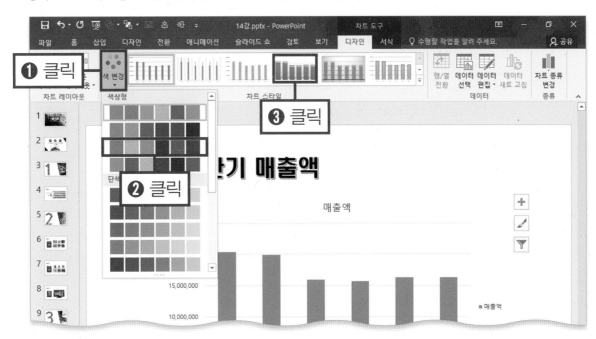

5 ..... 슬라이드 제목에 차트의 제목이 있으므로 차트 안의 [제목]과 [범례]를 Delete 를 눌러 삭제합니다.

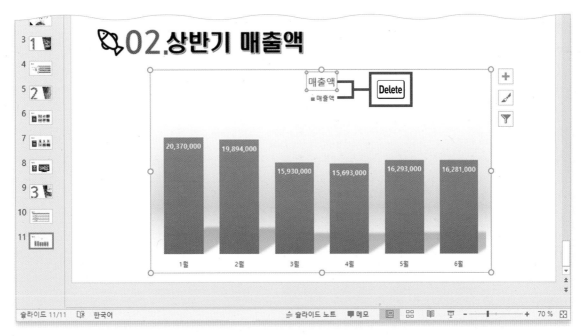

파워포인트의 차트는 엑셀의 차트와 다르게 바로 내용을 파악하기만 하면 되므로 간단히 작성하는 것이 좋습니다.

혼자서도 만들 수 있어요!

1 표 기능을 이용하여 '상반기 사교육비 현황' 슬라이드 표를 만들어 보세요.

상반기 사교육비 현황

	총액 (억원)	연평균사교육비 (만원)	월평균사교육비 (만원)	참여율 (%)	사교육 참여 시간
전체	209,970	385.1	32.1	74.8	6.5
초등 학교	95,597	348	29	83.5	6.8
중학교	52,554	406	33.8	71.4	6.8
고등 학교	61,819	438.1	36.5	61	5.7

HINT
- [삽입] 탭–[표] 그룹–[표]–[표 삽입] 클릭 후 '열 개수: 6', '행 개수: 5' 입력하고 [확인] 클릭 → 내용 입력
- **슬라이드 제목 서식** : [HY헤드라인M], [36pt] → [WordArt 스타일]–[채우기–검정, 텍스트 1, 윤곽선–배경 1, 진한 그림자–배경 1]
- **표 제목 서식** : [맑은고딕], [16pt], [굵게], [가운데 맞춤]
- **표 본문 서식** : [맑은고딕], [18pt], [왼쪽 정렬]

2 이미지와 표 스타일 기능을 이용하여 표 슬라이드를 꾸며 보세요.

상반기 사교육비 현황

	총액 (억원)	연평균사교육비 (만원)	월평균사교육비 (만원)	참여율 (%)	사교육 참여 시간
전체	209,970	385.1	32.1	74.8	6.5
초등 학교	95,597	348	29	83.5	6.8
중학교	52,554	406	33.8	71.4	6.8
고등 학교	61,819	438.1	36.5	61	5.7

HINT
- [삽입] 탭–[이미지] 그룹–[그림]을 클릭한 후 [16강] 폴더에서 [표연습.jpg] 삽입
- [그림 도구]–[서식] 탭–[그림 스타일] 그룹–[그림효과]–[부드러운 가장자리]–[25 포인트]
- 표 외곽 선택 → [표 도구]–[디자인] 탭–[표 스타일 옵션]에서 [머리글 행], [줄무늬 행] 체크 해지 → [표 스타일] 그룹–[보통 스타일 3–강조 2] → [테두리 그리기] 그룹 – [펜 스타일]–[점선] → [표 스타일] 그룹–[테두리 없음]–[안쪽 가로 테두리]

: 프레젠테이션 파일 만들기 :

엔딩 슬라이드 만들기

POINT

PPT의 마지막 장을 깔끔하게 정리하면 슬라이드가 마무리됩니다.

이번 장은 텍스트와 이미지를 이용하여 명함 같은 엔딩 슬라이드를 만들어 봅니다.

완성 화면
┌ 미리 보기

정직하고 깨끗한 먹거리로 보답하겠습니다.

Thank You

Gunomul.com

여기서
┌ 배워요! 텍스트 입력 및 편집하기, 로고 이미지 삽입하기

1 [예제 파일]-[17강] 폴더에서 [17강.pptx] 파일을 불러옵니다. [홈] 탭-[슬라이드] 그룹에서 [새 슬라이드]를 클릭한 후 [빈 화면] 슬라이드를 선택합니다.

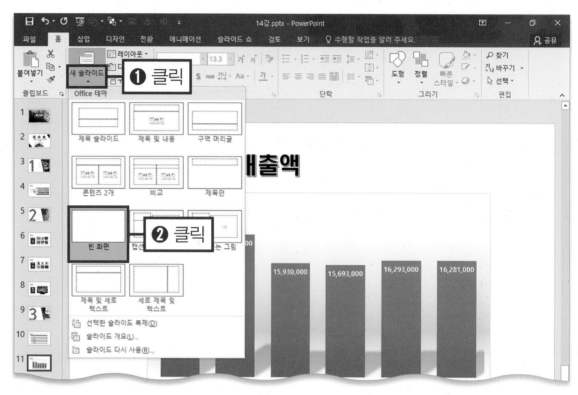

2 [텍스트 상자]를 이용하여 'Thank You'를 입력합니다. [글꼴]은 [Arial], [글꼴 크기]는 [96], [굵게](가)를 선택한 후 그림과 같이 드래그해 배치합니다.

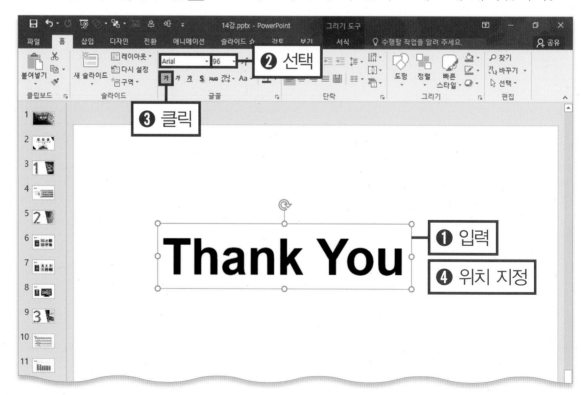

3 [텍스트 상자]를 이용하여 '정직하고 깨끗한 먹거리로 보답하겠습니다.'를 입력합니다. [글꼴]은 [나눔손글씨 펜], [글꼴 크기]는 [36], [굵게](가)를 선택한 후 그림과 같이 드래그해 배치합니다.

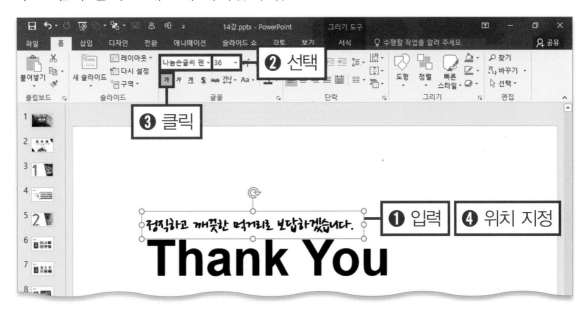

4 다시 한 번 [텍스트 상자]를 이용하여 'Gunomul.com'을 입력합니다. [글꼴]은 [Century Gothic], [글꼴 크기]는 [36]을 선택합니다. [그리기 도구]-[서식] 탭을 클릭한 후 [WordArt 스타일] 그룹에서 [빠른 스타일]-[채우기-파랑, 강조 1, 윤곽선-배경 1, 진한 그림자 - 강조 1]을 차례대로 클릭하고 드래그해 그림과 같이 배치합니다.

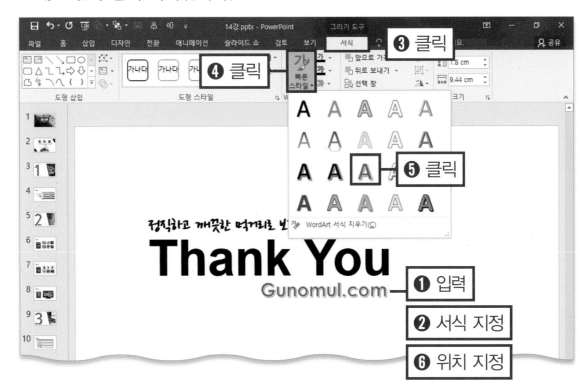

1 [삽입] 탭을 클릭한 후 [이미지] 그룹에서 [그림]을 클릭합니다. '그림 삽입' 대화 상자가 나타나면 [17강] 폴더에서 [로고.png]를 선택한 다음 [삽입] 버튼을 클릭합니다.

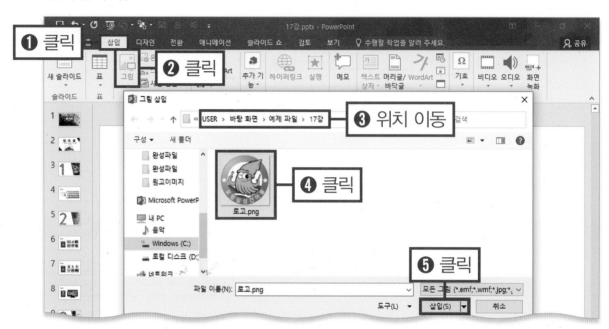

2 조절점으로 크기를 조절한 후 오른쪽에 배치합니다. Ctrl+A를 눌러 전체를 선택한 후 Ctrl+G를 눌러 그룹화합니다. [홈] 탭을 클릭한 후 [그리기] 그룹에서 [정렬]을 클릭합니다. 메뉴 목록에서 [맞춤]을 선택하고 [가운데 맞춤]과 [중간 맞춤]을 각각 클릭하여 정렬합니다.

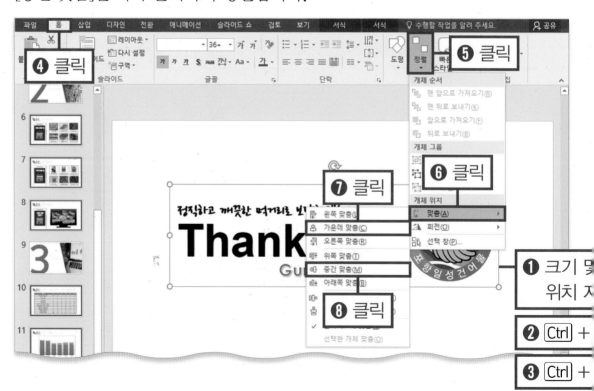

: 프레젠테이션 파일 만들기 :
슬라이드 마스터를 이용한 배경 꾸미기

POINT

PPT 배경을 동일하게 적용하려면 마스터 기능을 이용하면 됩니다.

이번 장은 슬라이드 마스터 기능을 이용하여 배경을 꾸며 봅니다.

완성 화면

미리 보기

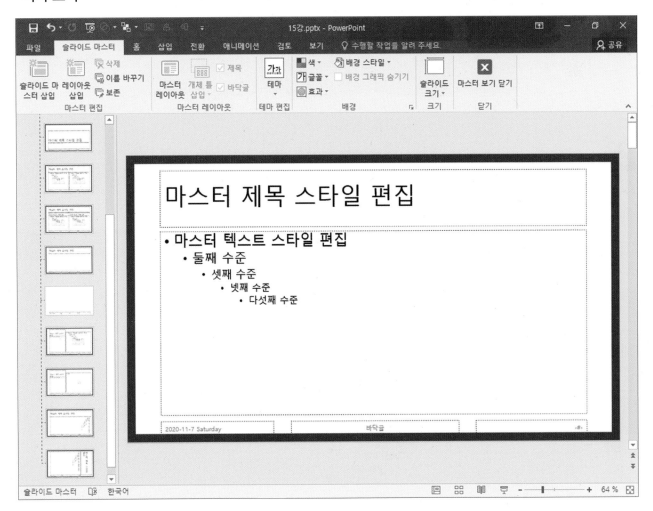

여기서

배워요!

슬라이드 마스터 기능으로 배경 동일하게 적용하기, 제목 슬라이드와 간지 슬라이드만 제외하고 적용하기

1 [예제 파일]–[18강] 폴더에서 [18강.pptx] 파일을 불러옵니다. [보기] 탭을 클릭한 후 [마스터 보기] 그룹에서 [슬라이드 마스터]를 선택합니다.

2 [슬라이드 축소판 창]의 맨 상단에 있는 [Office 테마 슬라이드 마스터: 슬라이드 1–12에서 사용] 슬라이드를 선택합니다. [홈] 탭을 클릭하고 [그리기] 그룹에서 [도형]을 클릭한 후 [기본 도형] 그룹에서 [액자]를 선택합니다.

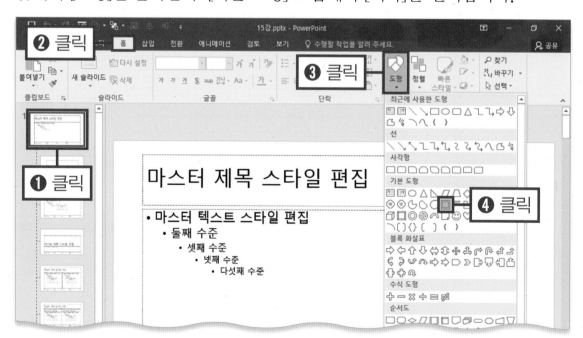

 조금 더 배우기

[Office 테마 슬라이드 마스터: 슬라이드 1–12에서 사용] 슬라이드를 사용하면 모든 슬라이드에 서식이 동일하게 적용됩니다.

3 슬라이드에 맞춰 대각선 방향으로 드래그합니다.

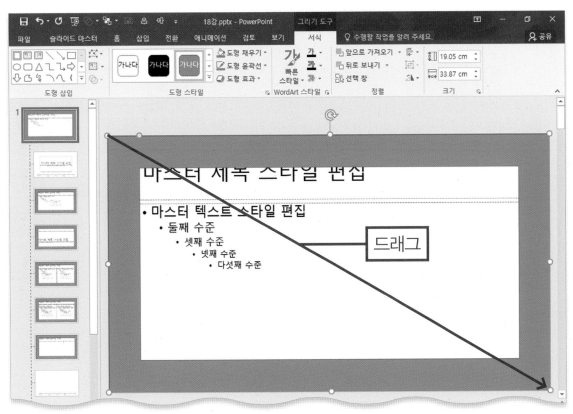

4 [두께 조절](image) 버튼을 왼쪽으로 드래그하여 그림과 같이 두께를 조절합니다.

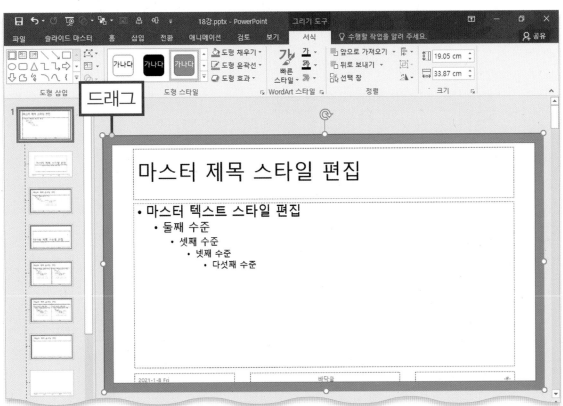

5 ..... [홈] 탭을 클릭한 후 [그리기] 그룹에서 [도형 채우기](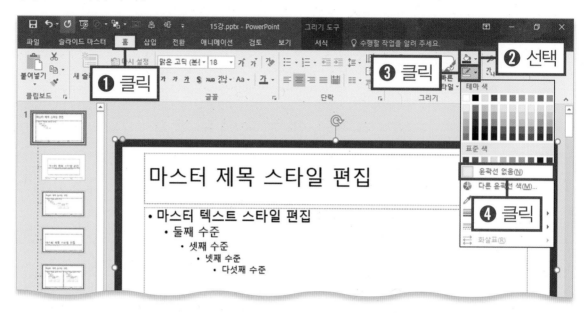)를 [주황, 강조 2, 50% 더 어둡게]로 선택합니다. [도형 윤곽선]()을 클릭한 후 [윤곽선 없음]을 선택합니다.

STEP 2 · 제목 슬라이드와 간지 슬라이드만 제외하고 적용하기

1 ..... [슬라이드 축소판 창]에서 [제목 슬라이드 레이아웃: 슬라이드 1에서 사용] 슬라이드를 선택합니다. [슬라이드 마스터] 탭을 클릭한 후 [배경] 그룹에서 [배경 그래픽 숨기기]를 클릭하여 체크합니다.

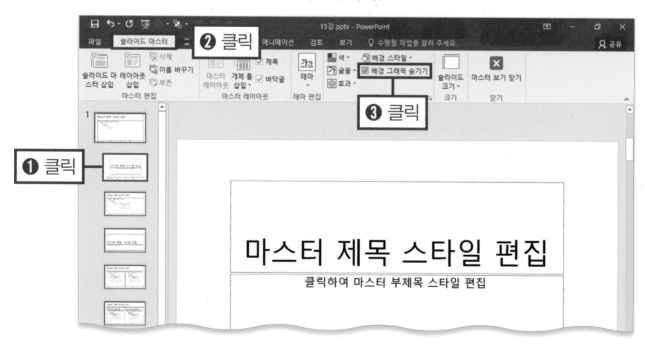

2 ······ [슬라이드 축소판 창]에서 [빈 화면 레이아웃: 슬라이드 3, 5, 9, 12에서 사용]
슬라이드를 선택합니다. [배경] 그룹에서 [배경 그래픽 숨기기]를 클릭해 체크
합니다.

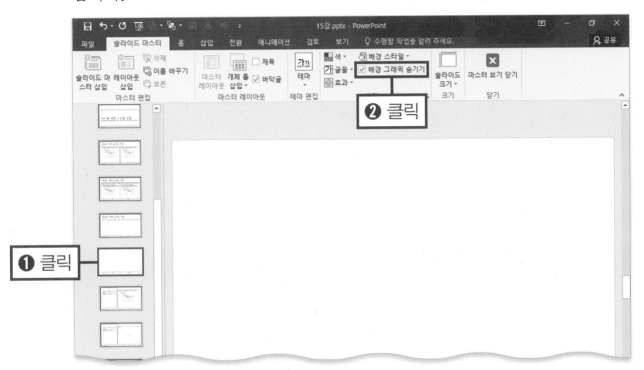

3 ······ 마스터 화면에서 빠져나오기 위해 [닫기] 그룹에서 [마스터 보기 닫기]를 클릭
합니다.

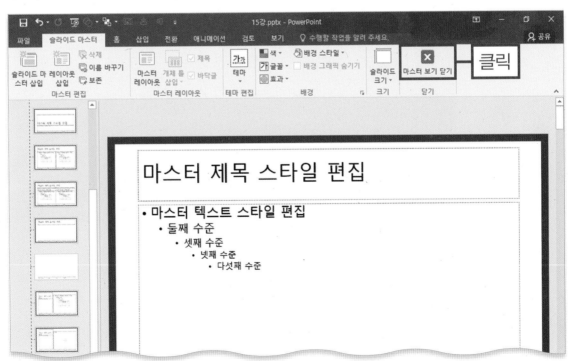

: 프레젠테이션 파일 만들기 :
화면 전환 효과 및
애니메이션 효과 주기

POINT

슬라이드를 넘길 때 효과를 주거나 각각의 슬라이드에 포인트로 애니메이션을 지정하면
슬라이드가 지루하지 않고 더 다이내믹하게 보일 수 있습니다.
이번 장은 각 슬라이드마다 화면 전환 효과와 애니메이션 기능을 지정해 봅니다.

완성 화면
미리 보기

여기서
배워요!
슬라이드 전체에 동일한 화면 효과 적용하기, 전환 효과 옵션 지정하기, 목차 슬라이드에
애니메이션 적용하기, 애니메이션 순서 바꾸기

1 [예제 파일]–[19강] 폴더에서 [19강.pptx] 파일을 불러옵니다. [전환] 탭을 클릭한 후 [슬라이드 화면 전환] 그룹에서 [덮기]를 선택합니다.

 조금 더 배우기

[슬라이드 화면 전환] 그룹에서 [자세히](▽) 버튼을 클릭하면 더 많은 전환 효과가 나타납니다.

전환 효과 옵션 지정하기

1 화면 전환 방향을 변경하기 위해 [슬라이드 화면 전환] 그룹에서 [효과 옵션]을 클릭한 후 [왼쪽에서]를 선택합니다.

2 모든 슬라이드에 동일하게 적용하기 위해 [타이밍] 그룹에서 [모두 적용]을 클릭합니다.

 [타이밍] 그룹의 [화면 전환] 옵션에서 [다음 시간 후] 메뉴를 사용하면 원하는 시간을 지정하여 슬라이드 효과를 적용할 수 있습니다.

목차 슬라이드에 애니메이션 적용하기

1 [슬라이드 축소판 창]에서 2번째 슬라이드를 선택합니다. [01 번호 이미지]를 클릭한 후 Ctrl을 누른 상태로 [점선]과 [문구]를 각각 클릭하여 모두 선택한 후 Ctrl+G를 눌러 그룹화합니다. 나머지 02번과 03번도 동일한 방법으로 그룹화합니다.

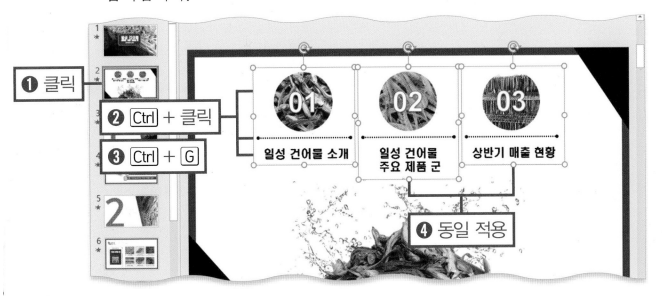

 그룹화하고 애니메이션을 지정하면 묶음으로 애니메이션이 진행됩니다.

2 [01] 그룹을 선택한 후 [애니메이션] 탭을 클릭합니다. [애니메이션] 그룹에서 [밝기 변화]를 선택합니다. 나머지 [02], [03] 그룹도 동일하게 적용합니다.

3 멸치 이미지를 선택한 후 [애니메이션] 그룹에서 [자세히](▼) 버튼을 클릭합니다. [나타내기] 그룹에서 [올라오기]를 클릭합니다.

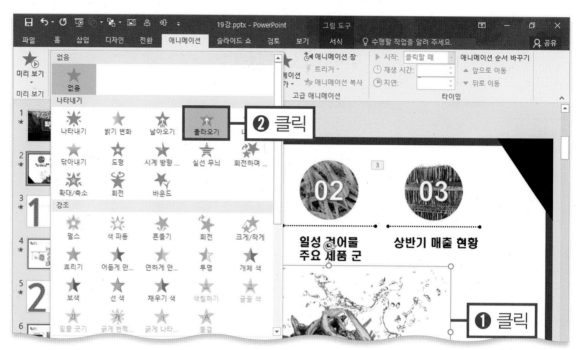

조금 더 배우기

[애니메이션] 그룹의 [자세히](▼) 버튼을 클릭하면 다양한 애니메이션 효과를 지정할 수 있습니다.

❶ **나타내기** : 개체가 나타날 때 효과
❷ **강조** : 개체가 나타난 상태에서 강조할 때 효과
❸ **끝내기** : 개체가 사라질 때 효과
❹ **이동 경로** : 개체가 나타난 상태에서 여러 경로로 이동하는 효과

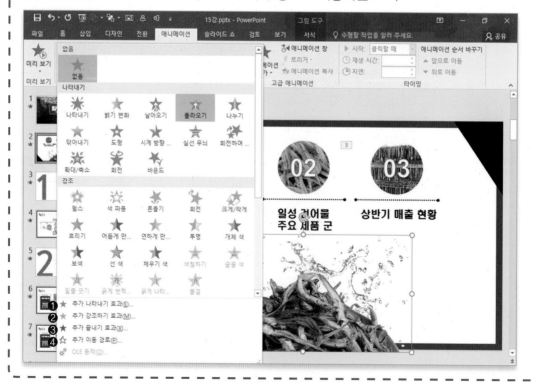

애니메이션 순서 바꾸기

1 ...... [애니메이션] 탭−[고급 애니메이션] 그룹에서 [애니메이션 창]을 클릭합니다.
'애니메이션 창' 대화 상자가 나타나면 [그림 17]을 선택한 다음 [위로](▲) 버
튼을 3번 클릭하여 맨 처음으로 위치시킵니다.

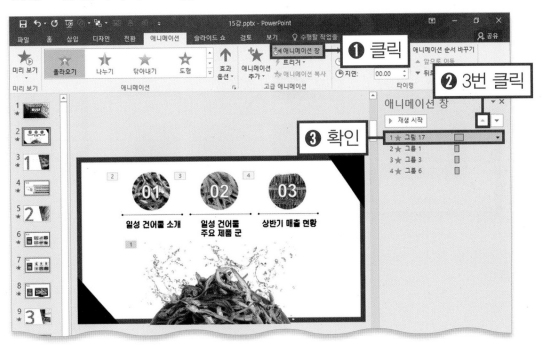

2 ...... 애니메이션 실행 방법을 지정하기 위해 '애니메이션 창' 대화 상자에서 [그룹
1]을 클릭한 후 Ctrl을 누른 상태로 [그룹 3], [그룹 6]을 각각 선택한 후 [목록]
(▼) 버튼을 클릭합니다. 메뉴에서 [이전 효과 다음에 시작]을 선택합니다. 이
후 [그림 17]의 [목록](▼) 버튼을 클릭하여 [클릭할 때 시작]을 선택합니다.

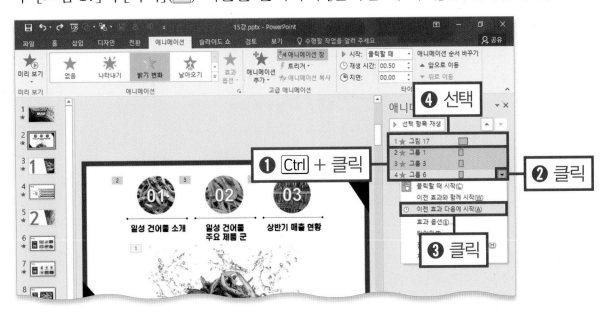

조금 더
배우기

슬라이드 쇼를 실행하여 지정한 애니메이션 효과를 확인해 보도록 합니다.

혼자서도 만들 수 있어요!

1 휴대폰 이미지 전체에 애니메이션을 지정하기 위해 그룹으로 묶어 보세요.

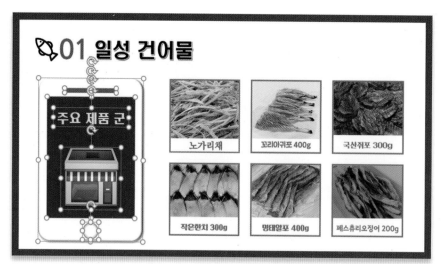

 HINT [6] 슬라이드 휴대폰 개체가 하나로 나오게 하기 위해 Ctrl을 누른 채 각각 선택 → Ctrl+G를 눌러 그룹화

2 애니메이션 기능을 이용하여 각 개체에 애니메이션을 지정해 보세요.

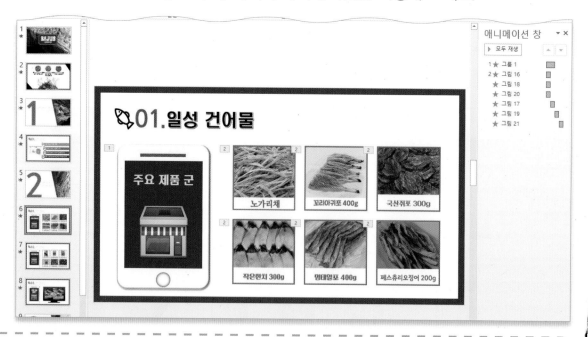

HINT
- **휴대폰** : [애니메이션] 탭-[애니메이션] 그룹에서 [올라오기]
- **나머지 개체** : 윗줄부터 차례대로 Ctrl을 누른 상태로 선택(노가리채, 꼬리아귀포 400g, 국산쥐포 300g, 작은한치 300g, 명태알포 400g, 페스츄리오징어 200g) 후 [애니메이션] 그룹에서 [확대/축소]
- **꼬리아귀포 400g, 국산쥐포 300g** : [이전 효과와 함께 시작]
- **맨 아래 개체 3개** : [이전 효과 다음에 시작]

: 프레젠테이션 파일 만들기 :
슬라이드 쇼 및 인쇄하기

POINT

슬라이드 쇼는 모든 장면의 슬라이드를 완성한 뒤 그 결과를 보여 주는 것입니다.
이번 장은 슬라이드 쇼의 옵션들과 슬라이드를 인쇄하는 방법을 알아봅니다.

완성 화면
미리 보기

여기서
배워요! 슬라이드 쇼 실행하기, 슬라이드 쇼 옵션 살펴보기, 슬라이드 인쇄 살펴보기

슬라이드 쇼 실행하기

1 [예제 파일]-[20강] 폴더에서 [20강.pptx] 파일을 불러옵니다. 슬라이드 쇼를 진행하기 위해 [슬라이드 쇼] 탭을 클릭한 후 [슬라이드 쇼 시작] 그룹에서 [처음부터]를 클릭합니다.

조금 더 배우기

현재 슬라이드부터 쇼 진행 방법

• 아래 상태 표시줄에서 [슬라이드 쇼]( ) 버튼을 클릭합니다.
• [슬라이드 쇼 시작] 그룹에서 [현재 슬라이드부터]를 클릭합니다.
• 단축키 [Shift]+[F5]를 누릅니다.

STEP 2 **슬라이드 쇼 옵션 살펴보기**

1 슬라이드 쇼 상태에서 마우스 오른쪽 버튼을 누른 후 [포인터 옵션]-[잉크 색]을 차례대로 클릭하면 색상표가 나타납니다. 원하는 색상을 선택하면 쇼 진행 시 중요한 부분을 표시하거나 글자를 입력할 수 있습니다.

2 ..... 마우스 오른쪽 버튼을 누른 후 메뉴에서 [확대]를 클릭하면 특정 부분이 캡처
됩니다.

3 ..... 마우스 오른쪽 버튼을 누른 후 메뉴에서 [모든 슬라이드 보기]를 클릭하면 전
체 슬라이드를 확인할 수 있습니다.

슬라이드 쇼 종료하기
- 마우스 오른쪽 버튼을 누른 후 메뉴에서 [쇼 마침]을 클릭합니다.
- 단축키 [Esc]를 누릅니다.

1 모든 슬라이드를 인쇄하려면 [파일] 메뉴를 클릭한 후 [인쇄]를 클릭합니다.
'설정' 그룹에서 [모든 슬라이드 인쇄]를 선택합니다.

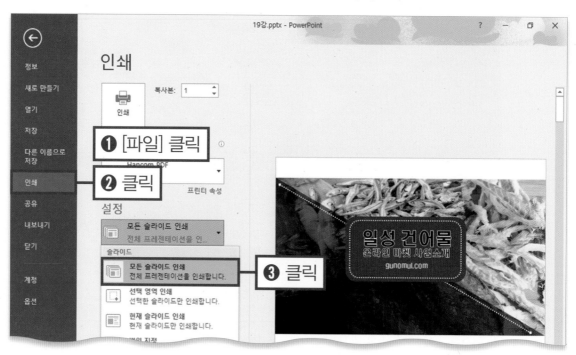

[현재 슬라이드 인쇄]를 선택하면 표시된 슬라이드만 인쇄됩니다.

2 [전체 페이지 슬라이드]를 클릭하면 유인물 형식으로 슬라이드를 인쇄할 수 있습니다.

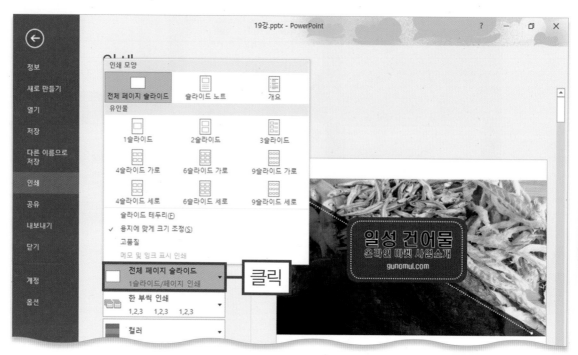

쓱 하고 싹 배우는
파워포인트 2016

1판 1쇄 발행 2021년 3월 3일
1판 3쇄 발행 2024년 3월 22일

저　　자 | 김영미
발 행 인 | 김길수
발 행 처 | ㈜영진닷컴
주　　소 | 서울특별시 금천구 가산디지털1로 128 STX-V 타워 4층 402호
등　　록 | 2007. 4. 27. 제16-4189호

©2021., 2024. ㈜영진닷컴

ISBN 978-89-314-6345-3

초보자들도 쉽게 따라 하는
'쓱 하고 싹 배우는' 시리즈

큰 그림과 큰 글씨로 누구나 쉽고 재미있게 배울 수 있는 '쓱싹' 시리즈!
책에 담긴 생활 속 예제를 따라 하다 보면
프로그램의 기본 기능을 손쉽게 익힐 수 있습니다.

쓱 하고 싹 배우는
한글 2014
안은진 저 | 152쪽 | 10,000원

쓱 하고 싹 배우는
스마트폰
김재연 저 | 152쪽 | 10,000원

쓱 하고 싹 배우는
윈도우 10&인터넷
송정아 저 | 152쪽 | 10,000원

쓱 하고 싹 배우는
파워디렉터 17
김영미 저 | 152쪽 | 10,000원

그림으로 배우는
파워포인트 2013
최홍주 저 | 152쪽 | 10,000원

그림으로 배우는
엑셀 2013
최옥주 저 | 152쪽 | 10,000원

쓱 하고 싹 배우는
포토스케이프 X
김성희 저 | 152쪽 | 10,000원

쓱 하고 싹 배우는
유튜브&영상 편집
김혜진 저 | 152쪽 | 10,000원

쓱 하고 싹 배우는
엑셀 2016
안은진 저 | 152쪽 | 10,000원